Roger Bittel

Spurensuche zur Kontemplation

Roger Bittel

Spurensuche zur Kontemplation

Eine Einführung

Fromm Verlag

Impressum/Imprint (nur für Deutschland/ only for Germany)
Bibliografische Information der Deutschen Nationalbibliothek: Die Deutsche Nationalbibliothek verzeichnet diese Publikation in der Deutschen Nationalbibliografie; detaillierte bibliografische Daten sind im Internet über http://dnb.d-nb.de abrufbar.

Contact:
International Book Market Service Ltd., 17 Rue Meldrum, Beau Bassin, 1713-01 Mauritius
Website: www.bookmarketservice.com
Email: info@bookmarketservice.com

Gedruckt in: USA, UK, Deutschland. Dieses Buch wurde nicht in Mauritius produziert.

Imprint (only for USA, GB)
Bibliographic information published by the Deutsche Nationalbibliothek: The Deutsche Nationalbibliothek lists this publication in the Deutsche Nationalbibliografie; detailed bibliographic data are available in the Internet at http://dnb.d-nb.de.

Contact:
International Book Market Service Ltd., 17 Rue Meldrum, Beau Bassin, 1713-01 Mauritius
Website: www.bookmarketservice.com
Email: info@bookmarketservice.com

Printed in: U.S.A., U.K., Germany. This book was not produced in Mauritius.

ISBN: 978-3-8416-0304-3

Roger Bittel

Spurensuche
zur Kontemplation

Eine Einladung,
den Weg mit Gott zu vertiefen

Roger Bittel, Klosterstrasse 8, CH - 6440 Brunnen

Vorwort

Die christliche Religion ist reich an Traditionen zur Begegnung des Menschen mit Gott, seinem Schöpfer. Die ganze Palette der Liturgie, die Sakramente und Sakramentalien, das mündliche, gemeinschaftliche oder private Beten, die Betrachtung, die Meditation, der Rosenkranz, Wallfahrten, Feste und Gebräuche, alles das macht die Beziehung zu Gott durch Jesus Christus im Heiligen Geiste farbig und lebendig. Im privaten Beten kann der je Einzelne wohl die Akzente seinem Wollen und Können entsprechend setzen, ohne sich auf eine einzige Form allein festlegen zu wollen. Zu diesen möglichen Gebeten gehört die Kontemplation, wie sie uns von grossen kontemplativ-betenden Heiligen überliefert ist. Der Kontemplation ist das vorliegende Büchlein gewidmet. Ich habe es im Grunde genommen für mich selbst geschrieben, einmal aus Lust am Schreiben, aber vor allem um mir selber Klarheit über die kontemplative Übung und Haltung zu verschaffen.

Das Büchlein will nicht behaupten, den Königsweg zur Begegnung mit Gott überhaupt oder gar den allein heilswirksamen Weg dazu gefunden zu haben. Andererseits handelt es sich bei der Kontemplation allerdings nicht um ein beliebiges Hobby, sondern durchaus um eine Einladung, den Weg mit Gott in Glaube, Hoffnung und Liebe zu gehen und zu vertiefen. Das Büchlein will aufzeigen, dass der Weg zur Begegnung mit Gott gangbar ist und zwar nicht nur von einigen besonders Begabten oder Introvertierten oder religiös Fortgeschrittenen. Das Büchlein will mehr eine Beschreibung dessen sein, was in der Kontemplation geschehen kann als dass es vorzeichnen wollte, was unbedingt geschehen muss.

Das Allerwichtigste ist, sich – auf welchem Weg auch immer – der Gegenwart Gottes ganz und freudig bewusst zu sein.

Ingenbohl, 16. Juni 2011, am Fest der seligen Mutter Maria Theresia

Roger Bittel

Inhalt

Abmarsch

Unternimmt man eine Wanderung, wie wir es hier zu tun gedenken, so ist es zunächst einmal wichtig, sich zu fragen, was man gleichsam im Rucksack mitzutragen hat. „Gleichsam“ deshalb, weil es sich hier um eine Wanderung nach innen handelt. Wir werden Spuren suchen und den Spuren nachgehen, die uns in die Tiefe unserer selbst führen werden.

Es ist ein Weg des Geistes nach innen. Es ist ein Weg, den man selten genug bewusst und tief zu gehen bereit ist, besteht doch im Menschen die starke Tendenz, nach aussen statt nach innen zu leben.

Doch genug der Vorrede. Kommen wir zu dem, was beim Antreten der Wanderung nach innen in den Rucksack zu geben ist. Unbedingt dazu gehören, meiner Meinung nach, fünf Dinge:

- Das Bewusstsein von Gottes Gegenwart im Innersten der Seele
- Das Bewusstsein von Gottes unbedingter und unendlicher Liebe
- Die Spuren Jesu Christi
- Die Sakramente
- Die schweigende Zweisamkeit mit Gott

Ein Weg

„Das Gebet und alle geistlichen Übungen waren mir so zuwider, dass mir davon übel wurde, ja, dass ich vor den Stunden des Betens zurückschreckte“.[1] Die dieses schrieb war nicht etwa ein Neuling auf dem religiösen Gebiet, sondern eine Mystikerin des 17. Jahrhunderts. „Zwischen Gott und meiner Seele schien eine eiserne Mauer zu sein“, schrieb sie weiter.[2] Sie war, wie gesagt, eine mystisch begabte Frau, als sie eine solche eiserne Mauer zwischen sich und Gott empfunden hatte, gerade mal vierundzwanzig Jahre alt. Sie hiess Maria Petyt, wurde am 1. Januar 1623 in Haezebroeck in Flandern geboren und starb 1677 in Mechelen, wo sie 20 Jahre lang in unmittelbarer Nähe des Karmelklosters mit einer Mitschwester in Armut und Abgeschiedenheit lebte.[3] Sie stand in ihrem vierundzwanzigsten Altersjahr keineswegs am Beginn geistlichen Lebens. Mit elf Jahren begann sie die Schule in einem Kloster und spürte dort zum ersten Mal die Anziehungskraft der Meditation und des inneren Betens „in süsser und aufflammender Liebe zu Gott“.[4] Mit sechzehn Jahren in eine fromme Familie gegeben, wurde sie auf einer Wallfahrt zu einem Gnadenbild der Mutter Gottes „von einem Strahl himmlischer Freude berührt.“[5] Mit siebzehn Jahren bat sie ihre Eltern, ins Kloster gehen zu dürfen, trat bei den Augustinerinnen in Gent ein, musste aber aufgrund ihrer Sehbehinderung das Kloster wieder verlassen, wohnte kurze Zeit in einem Beginenhof, stand unter der Führung eines Beichtvaters, der für ihre Neigung zum inneren Gebet wenig Verständnis fand, bis sie dann 1647 im Karmeliterpater Michael vom hl. Augustinus einen ihr entsprechenden geistlichen Führer fand.

Es ist leicht zu sehen, dass die Aversion gegen das Beten nicht einer religiösen Gleichgültigkeit entsprang. Zuviel religiöses Leben ging dem voraus, als dass

[1] Maria Petyt, „Leben aus dem Nichts“, übersetzt und eingeleitet von Elisabeth Hense, Münsterschwarzach 1995, S. 22
[2] Ebd.

[3] Ebd. 7-11
[4] ebd.
[5] ebd.

es das sein könnte. Die Schule der Ordensschwestern, das Erlebnis des Strahles göttlicher Liebe, Ordensnoviziat, fromme Lebensführung im Beginenhof , geistliche Anleitung zu Askese und Abtötung, das alles drängt eher die Frage auf: War sie von der Religion übersättigt? Kommt nun der Ekel etwa so, wie man sich plötzlich vor einer Speise ekelt, von der man zuviel genossen hat? Nein. Geschehen war dieses:

P. Michael vom hl. Augustinus empfahl ihr, die Gegenwart Gottes zu üben. Dazu schreibt sie: Er „leitete mich an, allmählich alle eigene Beschäftigung fahren zu lassen und beständig den nackten Glauben der Gegenwart Gottes zu üben und ein gleichartiges Zuneigen in Liebe zu ihm. Diese Übung war mir anfangs sehr mühevoll und schmeckte mir nicht. Einerseits fiel es mir schwer, von dem fühlbaren inneren Trost und der Süsse entwöhnt zu werden ... andererseits war ich nicht daran gewöhnt, mich innerlich auf solch nackte, einfache und geistige Weise mit Gott zu befassen und aufmerksam auf ihn zu sein. Ich hatte nämlich noch keinen wahren Zugang zur Einsamkeit des Geistes.“[6]

Am Ende ihres Weges stehen Worte wie: „Das innere Licht und meine Erfahrung lehren mich, dass es für einen Menschen, der den nackten Geist in seinem innigen, geistigen und verborgenen Liebeswirken entdeckt und gefunden hat, nie mehr Winter, Nacht oder Trockenheit gibt, sondern dass für ihn immer Sommer, Tag und Sonnenschein ist und er das Angesicht des Geliebten nie mehr verliert. Er kann sich nämlich so leicht dem Schauen und Geniessen der Gegenwart Gottes in sich selbst zuwenden, wie er auch mit einem Schlüssel ein Zimmer öffnen kann und hineingeht, um da mit seinem Freund zu sprechen“.[7]

Es ist ein abenteuerlicher Weg: Ein Geschöpf will seinem Schöpfer begegnen; und weil der Schöpfer das auch will, gelingt es, sofern dieses Abenteuer, das nach innen führt, konsequent und mit zähem Ernst verfolgt wird. Soweit dieser rasche Überflug. Es ist Zeit, den Spuren gründlicher nachzugehen.

Wie also sieht der Weg aus, der dorthin führt, wo man in sich selbst, in der Tiefe seines Herzens, Gott begegnet und wie begegnet man ihm dort?

---

[6] Ebd., 19
[7] Ebd. 64

Es wäre nicht redlich, diesen Weg als unbeschwerten und leichten zu bezeichnen, genauso wenig, als ein Bergsteiger eine Bergbesteigung einen Spaziergang nennen würde. Es ist, wie gesagt, ein Weg nach innen und der ähnelt zuerst und zunächst mehr einer Höhlenwanderung durch enge und dunkle Gemächer als einem Spaziergang in frischer Luft. Das ist umso erstaunlicher, als dass man doch eigentlich meinen sollte, sich selbst am nächsten zu sein.

Und doch: Ohne Landkarte und Wegweiser kommt man nicht hin. Dabei bedarf es nicht der Muskel-, sondern der Glaubenskraft. Jeder kann diesen Weg gehen, sofern er willens ist – echt und tief und beharrlich willens ist – ihn zu gehen.

Freilich: jeder Weg mit Gott ist einmalig, insofern sollen hier nur Spuren gesucht werden ohne behaupten zu wollen, es gebe auf dieser Spurensuche nur gerade diesen einen Weg und als schlösse er andere aus. Aber dass er ein wirklicher und gangbarer Weg ist, soll immerhin zu zeigen versucht werden.

Als Landkarte für die Spurensuche nehme ich im Wesentlichen die Schriften des hl. Johannes vom Kreuz, dann die „Wolke des Nichtwissens" – einer Schrift aus dem England des 14. Jahrhunderts — und insbesondere die „Kreuzeswissenschaft" von Edith Stein, welche den Weg der Kontemplation wissenschaftlich – geisteswissenschaftlich, freilich – aufweist. So hoffe ich denn, dass ich diese Karten ins Land der Kontemplation annähernd richtig zu lesen verstehe.

Die Vereinigung mit Gott als Ausgangspunkt

Kehren wir zu den Aussagen von Maria Petyt zurück. Diesen ist zu entnehmen, dass die „eiserne Mauer" zwischen Gott und der Seele nicht in irgendwelchen äusserlichen Hindernissen besteht, die wegzuräumen wären, sondern sich im Herzen des Menschen befindet, das zu reinigen ist, will es Gott begegnen. Dort, im Herzen, ist etwas, das eine Art Barriere, ein Dickicht von Gestrüpp bildet,

„Dornen und Disteln“[8], wenn man so will, gegen den stets gegenwärtigen, dreifaltigen Gott.

Die Gegenwart Gottes ist immer gegeben. Sie braucht vom Menschen nicht hergestellt zu werden. Die Vereinigung mit Gott ist nicht der End- und Zielpunkt der Kontemplation, sondern dessen Ausgangspunkt. Diese Vereinigung ist gegeben. Es wäre ein grosser Irrtum, zu meinen, man könne oder müsse diese Vereinigung, die „Unio mystica“ wie die Literatur auch sagt, selber herstellen. Sie ist gegeben, immer schon. Und Ausgangspunkt ist dieses Einssein mit Gott insofern, als dieses immer gegebene und auch dem allergrössten Sünder gegebene, natürliche Einssein mit Gott ins Bewusstsein gehoben und geliebt werden will.

Die Bibel sagt uns bereits auf den ersten Seiten mit einem Bild, das unabhängig von der Evolutionstheorie seine Gültigkeit behält, dieses: „Zur Zeit, als Gott, der Herr, Erde und Himmel machte, formte er den Menschen aus Erde vom Ackerboden und blies in seine Nase den Lebensatem. So wurde der Mensch zu einem lebendigen Wesen“ [9]. Das heisst nun aber auch, dass der Mensch, der sich von Gott losrisse, weiter nichts wäre als ein Stück Dreck.

Übung macht den Meister!

Ein Nächstes ist, dass Maria angeleitet wurde, Gottes Gegenwart zu üben. Es geht also um eine Übung; und jede Übung hat einen klaren Beginn und ein klares Ende. Die Übung will einen Zeit-Raum. Was im Folgenden gesagt sein will, gilt für diese Zeit der Übung. Dass die Übung dann im Alltag Früchte trägt, versteht sich. Aber die Übung selber ist nicht schon der Alltag. In der Übung wird eine Haltung erworben, die dann freilich mit der Zeit als Grundgestimmtheit bleiben wird. Aber zunächst geht es darum, sich die Grundhaltung in geduldigem, zähem, aushaltendem Üben zu erwerben. Das erfordert viel Geduld mit sich selbst, ein gehöriges Mass an Frustrationstoleranz, ein Durchhalten-können auch wo die Lust aufzugeben, drückend wird und dies alles in eiserner Konsequenz und Regelmässigkeit.

---

[8] Vgl. Mk 4,7

[9] Gen 2,4.7

Die Gegenwart Gottes üben

Das Wissen um die Gegenwart Gottes, sollte man meinen, war für Maria doch selbstverständlich. Gott ist allgegenwärtig, darum kann man ja überall beten. Darum macht man ja auch die religiösen Übungen, weil man von der religiösen Atmosphäre gleichsam umgeben ist. Man atmet sozusagen religiös.

Indessen ist zu bedenken, dass es einen Unterschied macht, ob man ganz allgemein glaubt, dass Gott allgegenwärtig ist, oder ob man sich ganz konkret hier und jetzt in der Gegenwart Gottes weiss. Dieser Gegenwart Gottes kann man sich nicht radikal genug bewusst werden. Gott ist realer und intensiver da als man selber ist.

„In ihm leben wir, bewegen wir uns und sind wir", sprach der Apostel Paulus in Athen.[10] Er umgibt mich ganz, umfasst mich, durchdringt mich, ist göttlich bewusst in und bei mir. Der Unterschied vom ganz Allgemeinen und Blassen meines Bewusstseins von Gottes Gegenwart zum konkreten Wissens seines Daseins in mir ist vergleichbar dem blassen und verdrängenden Bewusstsein, dass man sterblich ist, zum konkreten Bewusstsein, dass ich sterbe und das vielleicht gerade jetzt.

Bewusster Verzicht auf ein Gottesbild

Kontemplation ist Vorwegnahme und Annahme des Todes mit der Eigenart freilich, dass es nicht nur die Vorwegnahme des Todes ist, sondern mit ihm und eben darin Vorwegnahme des ewigen Lebens. Genauso wie das ewige Leben ist die Kontemplation ein Geschenk Gottes, das, wenn auch von der Masse eher belächelt als angenommen wird, allen angeboten ist.

So sind kontemplativ betende Menschen sich der Gegenwart Gottes bewusst, und zwar in dem Sinne echt bewusst, dass sie sich nicht einen Phantasiegott zusammen basteln. Einen selbst gedachten und nach Gutdünken zurecht gebogenen Gott kennen sie nicht. Auf einen „Wünsch-dir-was"-Gott verzichten sie mit letzter Konsequenz. In ihrem Verzicht auf ein Bild Gottes sind sie, im

---

[10] Apg 17,28

Vergleich mit manchen Gottesvorstellungen ihrer Zeit- und Weltgenossen, gleichsam Atheisten. Tief in ihrer christlichen Tradition verankert, begnügen sie sich nicht damit, diese Tradition als ein interessantes Faktum zu kennen, sondern sind im Gespräch mit ihr, eignen sich diese an, wissend, dass es zweierlei ist, die gegangenen Wege grosser Vorbilder zu betrachten oder sie selber zu gehen.

Zweifel und Glaube – Schmarotzer und Wirt

Was allerdings genauer zu üben ist, ist gemäss Maria Petyt und gemäss ausnahmslos aller christlichen Mystiker, der „nackte Glaube der Gegenwart Gottes", das heisst das reine „Dass" Gottes: dass Gott ist, dass er da ist, dass er mich geschaffen hat, dass das ganze Universum durch ihn und in ihm ist, das reine, nackte „Dass", das keinem Zweifel Raum gibt.

Der Zweifel ist ein Schmarotzer; sein Wirt ist der Glaube. Ist der Glaube nackt und knochentrocken, dann findet der Zweifel keine Nahrung mehr an ihm und stirbt ab. Nur: Der Zweifel ist ein hartnäckiger Geselle. Auch er kämpft um sein Überleben.

Freilich wird der Glaube nicht knochentrocken bleiben. Aber zunächst muss er es sein. Er darf dem Zweifel keine Angriffsfläche bieten. Der Zweifel wird zappeln und alle Kraft aufbieten, sich durchzusetzen. Er hat ganze Bibliotheken voll Argumente parat. Letztlich wird er sich damit arrangieren, in Form des praktischen Agnostizismus weiter zu existieren, das heisst in der lauwarmen Form, zu sagen: Vielleicht gibt es Gott, vielleicht auch nicht. Also mach dir keine Mühe mit ihm.

Der Kampf gegen den Zweifel ist die erste Schlacht, die zu schlagen ist; und wahrscheinlich wird es auch die letzte sein. „So muss sich das Erkenntnisvermögen", schreibt der hl. Johannes vom Kreuz, „eher von sich selbst und seinem Begreifen entfernen, um sich im Glauben wandelnd Gott zu nähern, glaubend, nicht verstehend. Auf diese Weise gelangt das Erkenntnisvermögen zur Vollkommenheit, denn durch den Glauben und nicht durch ein anderes Mittel verbindet es sich mit Gott; und zu Gott gelangt der Mensch eher nicht verstehend als verstehend“[11].

Malt man sich in Vorstellungen und Gedanken die Beziehung zu Gott, dieses reine „Dass“ aus, dann bleibt Gott gleichsam im Kopf und man verhindert so das Hinabgleiten des Bewusstseins der Gegenwart Gottes ins Herz, ins Gemüt. Das ist die eiserne Mauer. Gedanken, Vorstellungen, Gefühle nicht loslassen zu können, erschwert das Aufsteigen göttlicher Einrede ins Gemüt.

Gott selber muss sich in der Nacht der Sinne ins Herz hineinmalen und in der Nacht des Geistes sich darin eingravieren können. Kontemplation ist reines Empfangen. Das alles gelingt hier und jetzt nie ganz; und auch, wo es vollkommener gelingt, geht es nur allmählich vonstatten.

In der Übung dieses „allmählich eigene Beschäftigungen fahren zu lassen“ ist das Mühsame an der ganzen Sache. Wo es augenblickhaft und punktuell geschieht, dass die eigenen Seelenkräfte wie ausgelöscht sind, da, wo das Herz eine Sekunde lang oder auch weniger, ganz rein ist, geht ein ganzes Universum von reinster Liebe auf.

Beim Überschreiten der Grenze vom mündlichen, betrachtenden, meditierenden Gebet zur Einübung der Kontemplation fällt nach und nach das weg, was vorher mit dem Beten auch verbunden war: der „fühlsame innere Trost und die Süsse“, wie Maria Petyt sich ausdrückt. Dieses Wegfallen solcher der Psyche wohltuender Gefühle ist es, was die anfänglichen Schwierigkeiten mit dem kontemplativen Beten ausmacht.

Zum andern hatte sie, wie sie schreibt, „noch keinen wahren Zugang zur Einsamkeit des Geistes“. Damit meint sie die „nackte, einfache und geistige Weise“, sich „mit Gott zu befassen“. Denn das Geistige, das macht, dass wir die Welt als Welt wahrnehmen, lässt sich seinerseits mit keinen Sinnen erfassen.

Es ist den Sinnen schlicht nicht zugänglich. Was vorher innerer Trost und Süsse im Gebet war, kam aus dem Eigenen, aus Vorstellungen, Gedanken, Erwartungen, die man mit dem Gebet verknüpft hatte. Löst man diese

---

[11] Die lebendige Liebesflamme 3,48

Verknüpfungen auf, dann kommt zunächst die Leere, das Nichts, das sich in der Folge zur Nacht der Sinne ausweiten wird.

Dauer

Zwischenbemerkung: Das Kontemplative Gebet verdrängt die anderen Gebetsweisen nicht nur nicht, sondern gibt ihnen im Gegenteil mehr Tiefe. Gottesdienst, Sakramentenempfang, mündliches, betrachtendes, meditatives Gebet sind damit nicht überholt. Auch wäre es Hochmut zu denken, die Gemeinschaft der Kirche sei nicht mehr vonnöten. Führt die Kontemplation nicht tiefer in die Kirche ein, so ist sie nicht echt. Der Heilige Geist führt niemanden aus der Kirche hinaus. Ebenso wird das tätige Leben nicht beeinträchtigt, sondern durch die Übung der Kontemplation wesentlich vertieft. Soweit die Zwischenbemerkung.

Ist die Kontemplation der Weg in die Tiefe, dann ist zu fragen, wie lange dieser Weg dauern wird, bis der Mensch an seinem Ziel angelangt ist. Meint man, das müsse schnell gehen, kennt man weder den Weg noch das Ziel richtig. „Für gewöhnlich", schreibt der heilige Johannes vom Kreuz, vergeht „viel Zeit, sogar Jahre, in denen der Mensch nach Überwindung des Zustandes der Anfänger sich in den der Fortgeschrittenen einübt. Wie einer, der aus einem engen Kerker entkommen ist, bewegt er sich dann in allem, was mit Gott zu tun hat, mit viel mehr Weite und seelischer Befriedigung und mit mehr überströmender innerlicher Wonne als am Anfang, bevor er in die besagte Nacht hineinging."[12]

Die Kontemplation, anders gesagt, ist ein Lebensprozess und es ist damit zu rechnen, dass man ein Leben lang im Anfängerstadium bleibt. Das ist deswegen nicht langweilig, weil schon im Anfängerstadium vieles geschieht, weil bereits das Anfängerstadium nicht ein Abwarten, sondern ein kreativer

[12] Dunkle Nacht II.1

Prozess ist, ein stetes Wachsen, ein nach und nach Vorwärtskommen, ein mit der Zeit wahrnehmbares, inneres Wachstum.

Im Rausch der Sinne

Da Gott von allem Anfang an, mit der Zeugung beginnend, im Menschen ist und wirkt, bedeutet der Wachstumsprozess der Kontemplation eine stete Reinigung und Erweiterung des Bewusstseins nach innen und eben dadurch, dass dieses Bewusstsein aufgerissen wird, eine Bewusstseinsveränderung. Es ist das, was man im Rausch der Sinne oder der Droge unbewusst sucht, punktuell und pervertiert sogar erreicht und mit einem seelischen Kater quittiert bekommt.

Ganz anders ist die nüchterne Trunkenheit, von der die spirituelle Literatur zu berichten weiss. Dem aber geht ein Weg voraus. Bald einmal, vielleicht nach Monaten, wenn man die ersten Spuren dieses Prozesses in sich erahnt, stellt sich ein Gefühl ein, als wäre man im Begriff, aus einem engen Kerker zu entkommen, den man vorher für die Welt schlechthin hielt und entsprechend kaum bemerkte.

Veränderte Welt

Der Weg der Kontemplation führt, so paradox das dem Anfänger vorkommen mag, ins Weite, Offene, Grenzenlose. Dieses geschieht dem Tag verborgen und ist gleichsam etwas Heilig-Lichtscheues. Es ist eine Nacht, die in uns eindringt. „Sie dringt nicht von aussen auf uns ein“, schreibt Edith Stein, „sondern hat ihren Ursprung im Inneren der Seele und befällt auch nur diese eine Seele, in der sie aufsteigt. … Sie bedingt ein Versinken der äusseren Welt. … Doch auch hier gibt es ein nächtliches Licht, das eine neue Welt tief im Inneren erschliesst und die Welt draussen gleichsam von innen her erhellt, so dass sie uns als eine völlig veränderte wieder geschenkt wird.“[13]

---

[13] Edith Stein, Kreuzeswissenschaft, Studie über Johannes vom Kreuz, Herder 2003, S. 34

Diese völlig veränderte Welt ist dieselbe wie vorher, mit denselben Menschen des Alltags, denselben Beschäftigungen, denselben Freuden und Nöten, denselben Pflichten und Aufgaben, jedoch wahrgenommen mit einem anderen, vertieften Bewusstsein, das die Welt relativieren kann und eben darum mehr Licht darin zu sehen vermag; ein Bewusstsein freilich auch, das durch die Nacht gegangen ist. Von dieser Nacht wird bald einmal zu reden sein. Doch sollen zunächst noch weitere Spuren aufgesucht werden, um sie zu verstehen und in sie hinein zu gehen. Zunächst nur so viel: „Spirituell gesprochen", erklärt Johannes vom Kreuz, „ist es eine Sache, im Dunkeln, und eine andere, in der Finsternis zu weilen. In der Finsternis weilen bedeutet nämlich, wie wir gesagt haben, durch Sünde blind zu sein, aber im Dunkeln weilen kann man auch, ohne in Sünde zu sein."[14]

Erste Klippen

Zwischenbemerkung: In Jesus Christus ist Gott Mensch geworden. Darum kann es christlicherseits kein Gebet an ihm vorbei geben. Gemäss seiner Worte darf und soll man seine Bitten zu Gott tragen, auch die Bitten um das materiell Notwendige, um seine Gaben für sich und für andere; man soll und wird Jesu Leben und seine Worte betrachten, meditieren, feiern. Er ist und bleibt die Mitte alles christlichen Lebens. Die Kontemplation ist im Grunde genommen jener innere Zeit-Raum, in dem man in die Tiefe des Herzens Jesu geht, der die Tiefe jedes menschlichen Herzens umfasst, und so gleichsam aus dem Herzen Jesu heraus vor Gott verweilt. Es geht, vorerst einmal gesagt, um die Zeiteinheit von etwa einer halben Stunde, die man schweigend in bewusster Vereinigung mit Gott zubringt. Wieviel Zeit im Laufe des geistlichen Wachstums dann in dieser Art verbracht wird, liegt im Ermessen des je Einzelnen. Die Zeit, die man so bewusst in der Gegenwart Gottes verbringt, wird sich, wenn sie echt zugebracht ist, mit der Zeit auf das ganze eigene Leben auswirken. Soweit die Zwischenbemerkung.

[14] Die lebendige Liebesflamme 3,71

Die dicke Mauer

Maria Petyt beschrieb ihr anfängliches Dasein vor Gott als ein Dasein wie vor einer eisernen Mauer: Da bin ich, allein, vor mir die Mauer, hinter der Mauer ein vermuteter Gott. Wie in einem Kerker sei man, schreibt Johannes vom Kreuz, eingesperrt in sich selber. Draussen wäre Gott, wäre das Leben, doch stehen dicke Mauern dazwischen, die mich wie ein Panzer umgeben und mich in mir selber gefangen halten. Gibt es einen Ausweg? Es ist Zeit, das Bild dieser Mauer aufzulösen. Es gibt sie nämlich gar nicht. Es ist ein Gefühl, mit welchem das Herz sich umgibt, nichts weiter. Gefühle können sehr trügerisch sein, zu trügerisch auf alle Fälle, um darauf ein geistliches Leben aufzubauen. Das Bild der Mauer erweckt den Eindruck, als müsste man gewalttätig gegen sie angehen, um zumindest eine Luke herauszuschlagen, durch die ein Strahl göttlicher Gnade hereinbrechen könnte.

Diese Vorstellung ist falsch. Der Verfasser der Wolke des Nichtwissens – in Zukunft meist einfach Verfasser der Wolke genannt – schreibt seinem jungen Schüler: „ Ich bitte dich um Gottes willen, sei vorsichtig und übe nicht krampfhaft.“[15] Was er damit sagen will, versteht jeder, der schon einmal versucht hat, mit aller Anstrengung und Kraft einzuschlafen. Damit wird nämlich das genaue Gegenteil erreicht: nie ist man wacher als in solchen Augenblicken. Ähnliches kann man für die Kontemplation sagen: Nie bist du gefühlsmässig Gott ferner, als wenn du ihm mit Kraft und Gewalt nahe sein willst.

Das Bild der Wolke

Da Gott im Menschen ist und der Mensch in Gott, kann es diese Mauer zwischen Gott und Mensch gar nicht geben. Andererseits ist aber Gott auch nicht so offenbar vor einem; und wäre er es, man würde ihn entweder nicht erkennen oder er wäre so gewaltig da, dass er das menschliche Gegenüber zur Blindheit blenden würde. Darum braucht der Verfasser der „Wolke des Nichtwissens“ das Bild der Wolke. Diese ist einerseits die Gegenwart Gottes,

---

[15] 46. Kapitel: Fehlende Gelassenheit

andererseits aber auch das, was es ausmacht, dass man ihn nicht unmittelbar wahrnehmen kann. Man kann nicht einmal die Wolke als solche sehen, weil man in ihr drinnen ist. Daraus folgt das Seltsame, dass man Gott eben darum nicht wahrnehmen kann, weil man ganz in ihm ist, so wie ein Embryo im Leibe seiner Mutter. „Gleich, was du tust, dieses Dunkel und diese Wolke bleiben zwischen dir und deinem Gott“, schreibt der Verfasser der Wolke[16].

Im Grunde genommen sind wir hier, auf dieser unserer Welt, in einem embryonalen Zustand. Doch anders als ein Embryo haben wir die Fähigkeit, uns bewusst zu übersteigen; oder einfacher gesagt: wir haben Bewusstsein. Es erwächst uns aus jener geheimnisvollen Quelle, aus der uns auch unser Leben zufliesst.

Wissen, ohne zu sehen und zu hören

Menschliches Leben ist, wenn anders es nicht ein dumpfes Dahinvegetieren sein soll, Selbstbewusstsein. Kraft dessen ist es uns möglich, das Herz, den Personkern also, das, was man Seele nennt, für die Begegnung mit Gott zuzubereiten. „Um zur Vereinigung mit Gott zu gelangen, muss man einfach an das Dasein Gottes glauben, das keine Sache des Verstandes noch des Willens oder des Vorstellungsvermögens oder sonst eines Sinnes ist“, schreibt Edith Stein.[17]

Damit ist gesagt, dass die erste Bedingung zur bewussten Verbindung mit Gott der feste Glaube an seine Gegenwart ist, genauso, wie man der Sache sicher ist, dass jemand sich im gleichen Raum befindet, in dem man selber ist, den man aber weder sieht, noch hört, noch fühlt, noch riecht oder ertastet, den man also mit keinen Sinnen wahrnimmt. Und eben dieses ist die reinste Wahrheit, und wenn ein ganzes Heer von Intellektuellen anderes behauptet. Hier darf man mit dem Zweifel nicht diskutieren.

Gott ist ganz gewiss da, völlig unabhängig, ob der Verstand das zugibt, der Wille das will, das Vorstellungsvermögen sich das vorstellen kann. Er ist von

---

[16] 3. Kapitel: Liebende Versunkenheit
[17] Edith Stein, aaO. S. 48/49

unseren seelischen Vermögen – Verstand, Wille, Gedächtnis – völlig unabhängig; aber wir sind es nicht. Gott ist unendlich grösser, als ein Verstand fassen, ein Wille wollen, eine Vorstellung sich je vorstellen könnte.

Erste Praxis

Bei einem ersten, noch oberflächlichen Blick nach innen trifft man auf vielerlei Gefühle, Gedanken und Vorstellungen, Erinnerungen und Erwartungen, Furcht oder Zuversicht und so fort. Da ist eine ganze Palette von psychischen Zuständen, reale und irreale, angenehme und abstossende, auf dem Sprung, sich im Bewusstsein zu melden. Das Ganze wirkt irgendwie beunruhigend und man fühlt sich nicht wohl dabei.

An einer Bushaltestelle, zum Beispiel, empfindet man die Wartezeit manches Mal als arge Geduldsprobe. Der Mensch will sich auch innerlich an etwas Konkretem halten können und mit etwas beschäftigt sein; und also ist ihm in diesem Dschungel der Psyche äusserst unwohl. Kein Wunder, macht er eine Kehrtwendung nach aussen, um diesem seichten Hin und Her von Gedanken, Vorstellungen und Gefühlen zu entrinnen. Dem stand zu halten, ist ein erster Schritt in die Richtung der Kontemplation.

Sieht man einem Menschen zu, der in der Kontemplation ist, dann sieht man nichts anderes, als einen Menschen, der unbewegt eine halbe Stunde lang dasitzt und nichts tut, bis ihm ein Gong- oder Glockenschlag das Ende anzeigt. Einem Angler zuzuschauen ist demgegenüber schon fast unterhaltsam.

Dem jungen Mann, der die Kontemplation üben will, schreibt der Verfasser der Wolke: „Schliesse die Türen und Fenster deiner Sinne, dass nichts Schädliches und Störendes eindringen kann."[18] Das ist freilich leichter gesagt, als getan. Schliesst man nämlich die Fenster der Sinne, dann kommt nicht nichts, sondern

[18] 2. Kapitel: Ungeteilte Aufmerksamkeit

eben der bereits genannte Dschungel von Gedanken, Gefühlen, Erinnerungen, Erwartungen usw. Es ist fast nicht zum Aushalten.

Dabei ist es nicht die Tiefe, die man nicht aushält, sondern die Tatsache, dass man vorerst nicht in die Tiefe kommt und die Befürchtung, man komme überhaupt nie hinein, weil man dazu eben nicht begabt sei.

Der Kampf mit dem Gedanken-Dschungel

Für jemand, der in die Tiefe möchte, ist das qualvoll und entmutigend. „Mühsam ist der unerbittliche Kampf gegen die zahllosen Gedanken, die dich zerstreuen und plagen“, schreibt der Verfasser der Wolke, „und dein Bemühen, sie unter die Wolke des Vergessens zu bringen. Das ist die mühsame Arbeit, die wir leisten müssen, damit Gott in uns wirken kann. Er weckt dann die Liebe, was nur er allein vermag. Wenn du das Deine tust, wird Gott auch das Seine tun“.[19]

Die „Arbeit“ besteht darin, sich dem Sog von Gedanken, Vorstellungen und Gefühlen zu entziehen. Wo es in einem ununterbrochen denkt und fühlt, scheint es eine pure Unmöglichkeit zu sein, nicht zu denken und keine Gefühle, auch keine frommen, zu haben. Versucht man die Gedanken mit anderen Gedanken zu vertreiben, und sei es auch nur der Gedanke, dass man jetzt keine Gedanken haben will, bleibt man erst recht darin gefangen. Es scheint kein Entrinnen zu geben.

Indes: Die heilige Teresa von Avila gibt uns eine Spur, wie der Weg dennoch weiter gangbar ist. „Die letzte Abhilfe, die ich gefunden habe“ schreibt sie, „nachdem ich mich jahrelang geplagt hatte, besteht darin, dass man auf die Vorstellungskraft [und ebenso der Verstandes- und Willenskraft] nicht mehr geben soll, als wäre sie eine Verrückte, und ihr ihre Schrulle lassen soll“.[20]

Zieht man, zum Beispiel, in eine Wohnung in der Nähe einer Eisenbahn ein, dann kann es vorkommen, dass man am Anfang, besonders nachts, durch die durchfahrenden Züge erheblich gestört wird, doch mit der Zeit ist man so daran gewöhnt, dass man ihn kaum mehr bemerkt, es sei denn, man rege sich stets von neuem über dieses Geräusch auf. Es kommt also darauf an, diesem Geräusch keine Beachtung zu schenken. So etwa ist mit den Gedanken,

---

[19] 26. Kapitel: Anfangsschwierigkeiten

[20] Teresa von Avila, „Das Buch meines Lebens“, 17,7

Gefühlen, Vorstellungen, Erinnerungen, Erwartungen während der Übung zu verfahren. „Ich erlebte ... , dass die Seelenvermögen [Vernunft, Gedächtnis, Wille] mit Gott beschäftigt und in ihm gesammelt waren, während auf der anderen Seite mein wirrer Gedankenstrom mich ganz verrückt machte“,[21] so Teresa von Avila.

„Die Beschauung ist nichts anderes“, schreibt Edith Stein, Johannes vom Kreuz zitierend, „als ein geheimnisvolles Einströmen Gottes, welches, wenn man es nicht hindert, die Seele mit dem Geist der Liebe entflammt. Anfangs wird diese Entflammung der Liebe gewöhnlich gar nicht wahrgenommen. Die Seele fühlt vielmehr nur Trockenheit und Leere, schmerzliche Angst und Besorgnis. Die Nacht der Sinne ist die enge Pforte, die zum Leben führt.“[22]

Von innen oder aus der Tiefe?

Hier drängt sich eine Unterscheidung auf. Gemäss den Worten Jesus kommen alle bösen Gedanken von innen, aus dem Herzen.[23] Andererseits spricht Edith Stein mit Johannes vom Kreuz vom Einströmen Gottes und der Entflammung der Liebe in der Seele.

Es gilt also zwischen dem, was von innen und dem, was aus der Tiefe kommt,

zu unterscheiden. Alles, was von innen, vom Menschen selbst herkommt, auch dann, wenn es religiöse Gedanken und Gefühle sind, erweist sich in der Kontemplation als Hindernis für das Einströmen Gottes. Ausserdem bringt das, was von innen und nicht aus der Tiefe aufsteigt, die Gefahr der Selbsttäuschung mit sich. Was im Herzen brennt, muss nicht schon das Feuer des Heiligen Geistes sein. Hier ist Vorsicht und Demut geboten. Im Innern des Menschen kann sich viel Angst, Neid, Misstrauen, im Extremfall sogar Hass, ansammeln, was sich dann in mehr oder weniger schlimmen Taten entlädt. Andererseits schlagen Schicksalsereignisse, Verlust geliebter Mitgeschöpfe, Angriffe von anderen usw. Wunden. Es können Verletzungen, Sorgen,

[21] Teresa von Avila, „Wohnungen der Inneren Burg“, vierte Wohnungen, 1,8

[22] Edith Stein aaO. S. 44

[23] Mt 15,19

schlimme Erwartungen dem Ungeübten die Kontemplation vorübergehend blockieren oder gar zum Abbruch der Übungen führen.

Andererseits ist es äusserst wohltuend, für eine kurze Zeit aus den Unbilden des Tages auszusteigen und sich in eine unbekannte Tiefe hinein fallen zu lassen.

Damit ist schon mal ein Hinweis auf das Wechselspiel von Kontemplation und Tätigsein gegeben. Es wird freilich weiterer Ausführungen bedürfen, prallen doch in der Kontemplation wie nirgends sonst zwei Welten aufeinander, die von der Sünde gezeichnete Welt des Menschen und die reine Welt der unendlichen Liebe Gottes.

Gott, der Schöpfer

Das Universum, liess ich mich informieren, besteht aus Milliarden von Galaxien, wie z.B. unsere Milchstrasse eine ist, mit je Milliarden von Sonnen, die Milliarden von Lichtjahre voneinander entfernt sein können. „Unsere" Milchstrasse hat etwa dreihundert Milliarden Sterne. Zum Durchqueren dieser Milchstrasse benötigt das Licht hunderttausend Jahre; das sind hunderttausend Mal neuntausendfünfhundert Milliarden Kilometer. Vom Menschen aus gesehen ist es, kurz gesagt, ein nicht vorstellbares, unendliches Universum.

Da hinein flog, wenigstens ein kleines Stückchen weit, 1961 der russische Kosmonaut Juri Gagarin. Und er kam mit der Meldung zurück, Gott habe er nirgendwo gesehen.

Es ist gerade für die Kontemplation wichtig, diese Meldung ganz ernst zu nehmen. Gott sitzt nicht irgendwo im Weltall, so dass man ihn dort gelegentlich besuchen könnte. Gott körperlich im Weltall zu suchen, wäre ebenso naiv, wie einen Kunstmaler in einem seiner Bilder suchen zu wollen, ist doch Gott der Schöpfer dieses Universums und folglich nicht selber ein Teil davon und darin.

Was ist „Nichts“?

Andererseits ist zu bedenken: Gott hat die Welt aus nichts geschaffen, das heisst, er hat nicht einen vorgefundenen Stoff modelliert. Woher sollte dieser Stoff auch herkommen? Das „Nichts“ ist weder vorstellbar noch denkbar. Etwas war einmal nicht, ist jetzt nicht und wird einmal nicht mehr sein, das ist denkbar. Dass etwas nicht ist, lässt sich denken. Aber dann ist es immer „etwas“, das nicht ist, und nicht nichts.

Das ist logisch, weil es „nichts“ gar nicht gibt. Das heisst nun aber auch, dass es ausserhalb des Seins, das Gott ist, nichts geben kann. Wohin also hätte Gott die Welt hinein erschaffen sollen, da es ja ausser ihm nichts gab? Es kann nur so sein, dass das unendlich grosse, weite, unermessliche Weltall in ihm, in Gott, ist. Das bedeutet dann aber auch, dass Gott unvorstellbar und unerkennbar gross ist.

Wir sind in Gott

Den Leuten in Athen sagt der Apostel Paulus, wie schon erwähnt, „sie sollten Gott suchen, ob sie ihn ertasten und finden könnten; denn keinem von uns ist er fern. Denn in ihm leben wir, bewegen wir uns und sind wir“.[24] In eben diesem Sinne schreibt auch der Karmelit P. Daniel a Virgine Maria (1615-1678): Wir müssen „uns in die Gegenwart Gottes stellen und fest davon überzeugt sein, dass Gott bei uns und in uns ist ... wo wir gehen oder sind, finden wir Gott, sind wir erfüllt und umgeben von Gott und baden wir in Gott“.[25]

Man muss nicht Mystiker sein, um sich diese Tatsache bewusst zu machen. Es ist schlicht Sache des Glaubens, der uns Wahrheiten offenbart, die der Mensch mit keiner noch so raffinierten Naturwissenschaft erschliessen kann. Aber einmal angenommen, erweist sich der christliche Glaube als durch und durch vernünftig.

---

[24] Apg 17,27f

[25] Elisabeth Hense, „Mein Herz war wach“, Münsterschwarzach 1996, S. 62/63

Freilich lässt sich fragen, wie Personen sich gegenseitig durchdringen und gar ineinander wohnen können ohne dass die eine die andere aufsaugt. Dem ist so, weil wir es hier mit einer geistigen Realität und mit Liebe zu tun haben.

„Gott ist Geist", lehrt Jesus Christus, „und alle, die ihn anbeten, müssen im Geist und in der Wahrheit anbeten."[26] Und weil Gott „reiner und unendlicher Geist ist", schreibt P. Hyacinthus a Matre Dei (1652-1723), ebenfalls Karmelit, „durchdringt er auch alle Leiber, so dass er innerlich und äusserlich in ihnen ist. Daher sind wir nicht nur in ihm wie der Fisch im Wasser ... sondern er ist durch und durch in uns ... ohne ihn gingen wir sofort zugrunde und würden zu nichts".[27]

Die ganz und gar philosophisch geprägte Edith Stein schreibt dazu: „Gott, der Schöpfer, ist in jedem Ding gegenwärtig und erhält es im Dasein; er hat ein jedes vorausgeschaut und kennt es durch und durch mit allen seinen Wandlungen und Schicksalen. In dieser Weise wohnt Gott auch in jeder Menschenseele. Das gnadenhafte Innewohnen Gottes ist ein anderes als das seinserhaltende Gegenwärtigsein, das allen Geschöpfen gemeinsam ist. Mit Wesen, Gegenwart und Macht kann Gott in der Seele sein, ohne dass sie es weiss und will. Das gnadenhafte Innewohnen ist nur bei persönlich-geistigen Wesen möglich, denn es fordert die freie Annahme der heiligmachenden Gnade durch den Empfänger. Nur was geistig lebt, kann geistiges Leben in sich aufnehmen. Die Seele, in der Gott durch die Gnade wohnt, ist kein unpersönlicher Schauplatz des göttlichen Lebens, sondern wird selbst in dieses Leben hinein gezogen. Das Mitleben des trinitarischen Lebens kann sich vollziehen, ohne dass die Seele das Innewohnen der göttlichen Personen in sich wahrnimmt."[28]

[26] Joh 4,24
[27] Mein Herz war wach, S. 103/104

[28] Edith Stein aaO. S139/140

Selbsterhaltungstrieb und Hingabe

Damit ist auch gesagt: Wenn Gott von einem Geschöpf geliebt sein will, muss er dieses Geschöpf zuerst erschaffen und ihm die Fähigkeit geben, sich in freier Liebe für ihn zu entscheiden. Es ist „Wesen, Gegenwart und Macht Gottes", kraft dessen die Seele als Lebensprinzip, sich und ihre Umwelt gestalten und auf Gottes Liebe frei und aktiv antworten kann. Damit sind zwei Prinzipien im Menschen wirksam: das naturhafte, das man Selbsterhaltungstrieb nennen kann und das Prinzip freier Hingabe an etwas oder jemanden, also Natur und Geist, Natur und Gnade. Gnade ist die freie Zuwendung Gottes zum Menschen, das Werben seiner Liebe, das Angebot von Heil, kurz, dasjenige, was von Gott her angeboten, vom Menschen aber in Freiheit angenommen werden muss, will der Mensch seine Vollendung erreichen.

Stolpersteine des Menschen

Es wird zu fragen sein, was vom Menschen her dieser Liebe entgegenstehen kann. Hier nur schon ein erster Hinweis: böser Wille allein ist es nicht, sondern auch die Kollision von Selbsterhaltung und Hingabe, aus der ein trotziger, hochmütiger und böser Wille, biblisch gesprochen, ein „verhärtetes Herz" entstehen kann.

Ein anderes kann sein, dass jemand nicht zur Liebe zu Gott durchbricht, ohne indessen ein unwürdiges oder irgendwie verwerfliches Leben zu führen (vgl. Mt 25)[29].

Der Grund kann in der Unkenntnis liegen, darin also, dass Gott in der Seele ist und wirkt, „ohne dass sie es weiss und will". Falls die Oberflächlichkeit nicht ausschweifend ist, lässt sich damit einigermassen leben. Schwieriger wird dies dann in Zeiten der Not, wenn jede Art innerweltlicher Sinn zu schwinden scheint. Die Hoffnung gegen alle Hoffnung[30] ist dann fast nicht mehr aufzubringen.

---

[29] Mt 25, 31-46

[30] Vgl. Röm 4,18

Die Nacht, erster Hinblick

Maria Petyt schrieb, wie schon zitiert, dass, allmählich im Gebet „alle Beschäftigung fahren zu lassen und beständig den nackten Glauben der Gegenwart Gottes zu üben", ihr anfangs sehr mühevoll war und es ihr nicht schmeckte, dem fühlbaren Trost und der Süsse entwöhnt zu werden, ja, dass sie die Stunden des Betens regelrecht fürchtete. Dieser Zustand der Trockenheit ist zwar noch nicht das, was die Mystikerinnen und Mystiker als die Nacht der Sinne und des Geistes bezeichnen, denn diese ist umfassender. Wohl aber mag es eine erste Erprobung dessen sein, ob man im Gebet Gott oder sich selbst sucht. Hält man sie aus ohne vom regelmässigen Gebet abzulassen, so geschieht, nach und nach, einmal mehr, einmal weniger intensiv, die Reinigung der Sinne und des Geistes bis dahin, dass der menschliche Geist vom göttlichen Geist ganz durchgeistigt ist in unendlich liebender Einheit von Schöpfer und Geschöpf.

Die selbstfabrizierte Falle

Dieser Spur ist nun genauer nachzugehen. Im Beten besteht die Gefahr, dass der betende Mensch sich selber in ein süsses und tröstliches Selbstgespräch einspinnt. Dieses Beten kann sich, so gut es gemeint ist, hemmend zwischen Gott und den Menschen stellen. Der betende Mensch gerät so in die Falle seiner eigenen Vorstellungen, seines eigenen Trostes, seiner selbstfabrizierten „Gnade"; und das ist eine „Gnade", die auf die Dauer nicht trägt. Je länger ein Mensch in diesem selbstgebastelten, goldenen Käfig weilt, je mehr ihm seine eigene Einbildungen lieb geworden sind, je mehr er im Alltag aus eigener, denn aus Gottes Kraft zu leben gewöhnt ist, umso schmerzlicher ist es, wenn diese Trennwand zu Gott abgebrochen wird. Das ist es übrigens, was das Sterben zum Tod macht.

„Eines Tages", schreibt der Verfasser der Wolke seinem jugendlichen Schüler, „wird dein Geist sich weder dem materiellen noch dem seelischen Bereich zuwenden, sondern ganz in das Sein Gottes selbst hineingenommen werden. Das ist die kontemplative Versunkenheit."[31]

Eine kleine Übung

Bis dahin ist allerdings noch ein gutes Stück Weg zurückzulegen. Die Spur führt in die Erfahrung der Nacht. Um dahin zu gelangen, erklärt der Verfasser der Wolke, genügt es „jetzt, deine ganze Aufmerksamkeit auf ein einziges Wort zu richten. Doch ergründe es nicht. Versuche die Wirklichkeit, für die das Wort steht, auf dich wirken zu lassen. Lass keinen noch so klugen Gedanken zu, der dieses Wort ergründen möchte. Ich bin sicher, dass das Nachdenken der kontemplativen Übung hinderlich ist. „Das Wort soll möglichst kurz sein, am besten einsilbig. Das geeignetste scheint schlicht das Wort „Gott" zu sein. Man kann es mit dem Atem verbinden und auf nichts anderes sonst achten.

„Lass in dem kurzen Wort nichts als nur die reine Wirklichkeit Gottes gegenwärtig sein. Ausser ihm soll nichts deine Gedanken und dein Herz erfüllen. ... Verhalte dich in dieser Zeit wie ein Blinder und gib alles Verlangen nach Wissen her. Hier wäre es ein Hindernis. Sei damit zufrieden, diese geheimnisvolle Gnade in der Tiefe deiner Seele erwachen zu fühlen. Vergiss alles ausser Gott und richte dein unverhülltes Verlangen, frei von jedem Eigeninteresse, ganz auf ihn."[32]

Noch radikaler und dann wirklich in die Nacht führt es, wenn diese Haltung nicht nur während der kontemplativen Übung gepflegt wird, sondern sich generalisierend auf die ganze Lebenshaltung überträgt. Weniger ist nicht gemeint, wenn der heilige Johannes vom Kreuz schreibt: „Damit der Mensch ... für die gottgewirkte Liebeseinung geistlich vorbereitet und eingestimmt wird, muss er zuerst ... von allen Neigungen zu den Geschöpfen und deren Wahrnehmung weggezogen werden, was je nach der Intensität verschieden lange dauert".[33]

---

[31] Kapitel 67
[32] Kapitel 36. 40. 34

[33] Die dunkle Nacht II, 8,2

Abhängigkeiten brechen

Da Gott selbstverständlich nicht nur während der Zeit der Übung der Kontemplation existiert, wird die Grundhaltung, die in der Kontemplation eingeübt wird, wenn sie echt ist, mit der Zeit das ganze Dasein des Menschen bestimmen. Damit beginnt das Wechselspiel von Alltag und Kontemplation, wo das eine das andere beeinflusst, oder besser, wo sich das Verhältnis zwischen Alltag und Kontemplation langsam verändert. Der Mensch wird immer mehr auch im täglichen Leben kontemplativ und der Alltag verliert in der Kontemplation seine Bedeutung. Eingefleischte Abhängigkeiten werden sich lösen, ungesunde mitmenschliche Beziehungen gesunden, verdrängte Wahrheiten zugelassen. Im Masse wie sich das Bewusstsein ändert, ändert sich das ganze Leben. Und diese Bewusstseinsänderung ist in der Kontemplation keine Schnellbleiche, sondern radikal.

Frei werden für die echte Liebe

Die Übung der Kontemplation bedeutet zunächst einmal, sich freizuschwimmen von Abhängigkeiten an irgendetwas oder irgendwen, was nicht Gott ist, um ein freies und gerade so liebendes Verhältnis zu allem Geschöpflichen zu finden. In der Beziehung zu den Mitgeschöpfen, vorab den Mitmenschen, ist die Liebe umgekehrt proportional zur Abhängigkeit von ihnen, das heisst, dass je grösser die Abhängigkeit, desto kleiner die Liebe ist und umgekehrt.

Das gilt genauso für die Abhängigkeit von sich selbst. Je weniger ich von meinen Vorstellungen, Begierden, Gefühlen, abhängig bin, desto mehr bin ich mit mir in Einklang und frei für die echte, unsentimentale, realistische Selbstliebe, mit der ich mich selber weder mitleidig verhätschle, noch unbarmherzig beurteile.

Um es kurz zu sagen: Die Seelenvermögen, die auf etwas gerichtet sind, das nicht Gott ist, sollen sich davon befreien und ins reine Leere und Dunkle hinein offen sein.

„Sehne dich nach Gott und nicht nach seinen Gaben“, schreibt der Verfasser der Wolke. „Lass es deine einzige Sorge sein mit ganzem Verlangen und ganzer Aufmerksamkeit auf ihn ausgerichtet zu sein. Löse dich innerlich von allen Geschöpfen und schenke ihnen keine Aufmerksamkeit mehr.“[34] Und: „Weiter möchte ich, dass du dich nicht länger von deinen schwankenden Gefühlen abhängig machst. Wie du weißt, ist Gott Geist, und wer sich nach Vereinigung mit ihm sehnt, muss in die Wirklichkeit und Tiefe einer geistigen Einigung eingehen, die jedes irdische Einssein weit überragt.“[35]

Damit sind wir nun, wenn auch nicht schon in der Nacht, so doch gleichsam beim

Punkt Null. Wir sind also ins Dunkle hinein offen und es kommt – nichts!

Motivation

Wenn die Spur deutlicher wird und Nacht und dunkle Wolken ankündet, dann ist die Entscheidung gefragt, ob man weiter gehen wolle, komme, was da kommen mag, oder ob man lieber umkehren, zum Ausgangspunkt zurück gehen will, wo man sich sicher fühlt und man sich vor der Nacht verkriechen kann. Entscheidet man sich, der Spur weiter nachzugehen, zu was die kontemplativ Erfahrenen raten, dann muss man das, wie Teresa von Avila zu sagen pflegte, mit „entschiedener Entschiedenheit“ tun. Denn die Spur wird bald einmal in die Nacht führen, vorausgesetzt, man gehe der Spur in der Tat und nicht nur lesend und theoretisch nach.

---

[34] 3. Kapitel: Liebende Versunkenheit

[35] Kapitel 47: Selbstgemachte Sehnsucht

Auf den Spuren der Sehnsucht

Die Richtung ist klar: Da Gott die Seele der Seele ist, führt die Spur in die Tiefe des eigenen Innen. Der Weg ist gangbar; unzählbar viele kontemplative Menschen sind ihn gegangen und gehen ihn noch. Doch was ist der Motor zu diesem Unterfangen?

Reine Neugierde wäre zu wenig; sie gäbe nicht die nötige Durchstehkraft. Wir müssen von der reinen Neugierde allen Ernstes in die Sehnsucht hinüber wechseln und die Spur in jenen Sehnsüchten finden, die der Mensch im Tiefsten hat. Das sind zwei Arten von Sehnsucht, die wiederum je eine aktive und eine passive Seite haben. Es ist erstens die Sehnsucht nach Anerkennung und Erfüllung und zweitens die Sehnsucht nach Hingabe und Sinn.

Die Sehnsucht nach Anerkennung und Erfüllung sagt: Ich will Liebe und Anerkennung erhalten, Freude am Leben, die nötige materielle Sicherheit dazu, ein gewisses Mass an Luxus, Behütetsein, Kraft und Gesundheit, das alles geniessen zu können, kurz: ich lebe und will das Leben geniessen.

Das Passive daran ist, dass mir dieses gegeben wird, das Aktive, dass ich es mir hole. Beides aber hat Grenzen. Nicht nur erhalte ich kaum je genügend von dem, was ich möchte, nicht nur gelingt es mir kaum, mir alles anzueignen, wonach mich gelüstet, sondern mit untrüglicher Sicherheit wird mir eines Tages alles genommen. Einmal wird mir das Leben das Heft aus der Hand nehmen, sei es mit einem schleichenden, sei es mit einem plötzlichen Tod.

Jede Liebe, jede Lust will Ewigkeit; und da kommt einem zunächst einmal ein schwarzes, unheimliches ‚Nein' entgegen; und die Spur führt nun in eben dieses Nein hinein, unerbittlich und hart.

Jede Freude, jede Liebe, jedes Vergnügen trägt den Stachel der Endlichkeit in sich. Das muss noch nicht ein Grund sein, zu resignieren und das Leben abzulehnen. Es lässt sich auch ohne die Hoffnung auf Unendlichkeit leben, wie man sich ja auch nicht davon abhalten lässt, einen Film anzusehen, nur weil man weiss, dass er ein Ende haben wird.

Des Menschen Tage sind wie Gras...

Grundlegender als die Sehnsucht nach Liebe und Anerkennung ist indessen jene, sich an etwas hinzugeben, der Eros, sich jemandem anzuwerfen, sich zu geben, das Leben für etwas Bleibendes einzusetzen, dem Leben Spuren einzudrücken, die dauern, kurz, die Sehnsucht nach Sinn. Allein, jede Spur, die man legt, verschwindet im Sand des Lebens, bleibt eine Zeit lang, bis sie der Wind der Geschichte allmählich auflöst. „Des Menschen Tage sind wie Gras, er blüht wie die Blume des Feldes. Fährt der Wind darüber, ist sie dahin, der Ort, wo sie stand, weiss von ihr nichts mehr", sagt der Psalm 103.

Wenn einem diese Tatsache der Endlichkeit von allem, das Wissen, dass ich vielleicht noch ein paar Spuren zurücklasse, selber aber nicht mehr bin, – wenn einen das einmal so recht „in die Knochen fährt", dann kann das eine heilsame Erschütterung sein, die einen aufreisst. Kommt dann noch das Gefühl hinzu, das alles sei definitiv weg, es bleibe gar nichts mehr, dann spürt man bereits etwas von der Nacht. Langsam gerät man in so etwas wie Abenddämmerung.

Die aktive Hingabe und das passive Empfangen

Das passive Moment in diesem inneren Prozess ist das eigentlich Bewegende für das aktive Moment. So, wie das aktive Nachdenken über den Tod nichts ist im Vergleich zum passiven Erleiden des Todes eines geliebten Menschen. Das Passive kann man nicht herbeiführen, aber hat es einmal eingesetzt, dann löst es etwas aus und macht aktiv in dem Sinne, dass es zur Stellungnahme drängt, zum Ja oder Nein sagen zu dem, was einem widerfährt.

Alles, woran man sich hingibt ist endlich mit entsprechend endlicher Erfüllung und endlichem Sinn, es sei denn, das, was Ziel unserer Hingabe und Grund unserer unendlichen Erfüllung ist, sei der Schöpfer selbst. Ihn kann man sich nicht holen, aber man kann sich ihm hingeben. So bleibt das Grundprinzip der Kontemplation die aktive Hingabe an den Schöpfer und das passive Empfangen seiner, wissend, dass nur von Gott unendlicher Sinn und ewiges Empfangen herkommen kann.

Tatsache und Wahrheit – der feine Unterschied

Es lässt sich freilich fragen, ob das denn nicht ein vergrämtes Leben sei, wenn man in diesem steten Bewusstsein der Endlichkeit lebt. Wird da nicht eben jede Freude in Schwermut verdorben? Dem wäre so, wenn man im Bereich der Tatsachen bliebe. Man muss aber zwischen Tatsachen und Wahrheit unterscheiden. Tatsachen sind vordergründig, die Wahrheit liegt in der Tiefe. Wer den Sprung von den Tatsachen in die Wahrheit nicht wagt, bleibt an der Oberfläche der irdischen Realität kleben; wer jedoch die Wahrheit sucht, findet das Leben, das tiefe, herrliche, hinter allen Tatsachen pulsierende Leben.

Neue Kleider

Wenn im Brief an die Epheser die Mahnung geschrieben steht: „Legt den alten Menschen ab, der in Verblendung und Begierde zugrunde geht, ändert euer früheres Leben und erneuert euren Geist und Sinn! Zieht den neuen Menschen an, der nach dem Bild Gottes geschaffen ist in wahrer Gerechtigkeit und Heiligkeit“,[36] so erklärt etwa Johannes vom Kreuz in seiner Schrift „Die dunkle Nacht“, welche Art Kleidung es braucht, um Gott im Innersten seiner selbst zu begegnen. Es sei, schreibt er, ein dreifarbiges Kleid vonnöten, das Edith Stein in der Art schildert: „Der Glaube ist ein weisses Unterkleid. Über dem weissen Unterkleid des Glaubens trägt die Seele das grüne Mieder der Hoffnung. Darüber trägt die Seele die prachtvolle hochrote Toga, das Sinnbild der Liebe. Der Glaube entleert den Verstand in seiner ganzen natürlichen Erkenntnis. Die Hoffnung entleert und trennt das Gedächtnis von allem Besitz der geschaffenen Dinge. Die Liebe entleert alle Neigungen und Begierden des Willens von allem, was nicht Gott ist.“ [37]

Der Weg von Glaube, Hoffnung und Liebe

Dazu führt Johannes vom Kreuz aus, das geradezu beschreibt, was Maria Petyt innerlich erfahren hatte, ohne jedoch, dass er sie je hätte kennen können,

---

[36] Eph 4,22-24
[37] Edith Stein aaO. S. 121

wurde sie doch erst zweiunddreissig Jahre nach seinem Tode geboren. Er schreibt: „Da Gott sie [gemeint ist die Seele] nun tatsächlich von diesem alten Menschen entblössen und mit dem neuen Menschen bekleiden möchte, der, wie der Apostel sagt, nach Gott geschaffen ist, mit neuem Sinn (Kol 3,10), entblösst er ihre Seelenvermögen, Neigungen und Sinne im Bereich des Geistes wie in dem der Sinne, äusserlich wie innerlich, und versetzt ihr Erkenntnisvermögen in Dunkelheit, ihr Empfindungsvermögen in Trockenheit und ihr Erinnerungsvermögen in Leere sowie die Neigungen des Menschen in höchste Trübsal, Bitterkeit und Bedrängnis, da er ihm das mit den Sinnen wahrgenommene Wohlgefühl entzieht, das er früher bei geistlichen Gütern verspürte."[38] Hier ist der ganze kontemplative Weg gewiesen. Dieser ist zu gehen, will man kontemplativ leben. Es ist der Weg von Glaube, Hoffnung und Liebe.

Das Reinigungsfeuer der Kontemplation

Die Loslösung von allem Geschaffenen meint nicht die Abwertung von allem, sondern eine radikal veränderte, ja verwandelte Einstellung zu allem, was ist, inklusive zu sich selber. Es ist die Haltung von passivem Empfangen und der aktiven Hingabe.

Das Gegenteil davon wäre das aktive Holen auch dort, wo das andere Geschöpf seiner Natur oder seinem Willen nach nicht geben kann oder geben will und das Verweigern des eigenen Einsatzes für das Andere.

Die Loslösung in Glaube, Hoffnung und Liebe bedeutet, die Geschöpfe mit jenem heilsamen Blick zu sehen, der das Resultat einer radikalen, inneren Läuterung ist. Jede Umklammerung des Anderen, jedes Besitzen-wollen, jede Abhängigkeit von einem Geschöpf, einem Stoff oder einer Gewohnheit, alles das, was einen Menschen innerlich versklaven kann, soll in der Seele regelrecht ausgebrannt werden. Eben das ist das Reinigungsfeuer der Kontemplation, die dunkle Nacht, von der Johannes vom Kreuz und mit ihm eine ganze geistliche Tradition spricht. „Für das Ziel der Seele ist das Verlassen

---

[38] Dunkle Nacht II. 2,3

des eigenen Weges gleichbedeutend mit dem Betreten des wahren Weges",[39] so Edith Stein. Dabei steht der Glaube „über allem Verstehen, Geniessen, Empfinden und Vorstellen".[40]

Die Quelle

Mit den Aussagen über den Glauben führt uns Edith Stein an die geheimnisvollste und zugleich wichtigste Spur für das kontemplative Leben überhaupt. Sie bringt uns in die Nähe einer seltsamen Quelle. Diese ist, weil nur dem Glauben zugänglich, über jegliche Vorstellung hinaus erhaben. Das heisst, es gibt rein natürlich, mit den „Augen des Fleisches", den Ohren, der Nase und Zunge, den Händen des rein natürlichen Menschen nichts zu sehen, nichts zu hören, nichts zu riechen und zu schmecken und nichts zu begreifen. Diese Quelle ist der Ort, aus dem uns unser Leben zufliesst. Alles sprudelt aus ihr heraus, alles steigt aus ihr empor. Es ist wie im Märchen. Freilich ist das Verhältnis gerade umgekehrt. Die Quelle ist nicht wie ein Märchen, sondern alle Märchen sind eine Artikulation einer Ahnung von dieser Quelle.

Die Quelle ist reiner Geist

Die Quelle selber liegt unter dem Unbewussten, von dem die Psychoanalyse zu handeln pflegt. Die Quelle wird nicht von äusseren Gegebenheiten gespeist, nicht von gehabten Erlebnissen, nicht von verdrängten Affekten, nicht von Einsichten, nicht von Verwundungen usw., sondern umgekehrt: versiegte die Quelle, würde das ganze Weltall mit allem Leben darin aufhören zu sein. Die

---

[39] Edith Stein aaO. S. 49

[40] Ebd.

Quelle ist reiner Geist, „lebendiges Wasser“,[41] das „fliessende Licht der Gottheit“ (Mechthild von Magdeburg), realer als alles Reale. Hören wir dazu Edith Stein: „Jede Seele hat ein Innerstes, und dessen Sein ist Leben. Die Gedanken des Herzens sind durchaus noch nicht Gedanken im üblichen Sinne. Sie müssen erst „aufsteigen“ aus dem Grunde des Herzens. Dann kommen sie an eine erste Schwelle, wo sie „spürbar“ werden. Dieses „Spüren“ ist eine viel ursprünglichere Weise des Bewusstseins als das verstandesmässige Erkennen. ... Was rein natürlicherweise aufsteigt und spürbar wird, ist schon nicht mehr das rein innere Leben der Seele. An der Schwelle, wo die aufsteigenden Regungen gespürt werden, beginnt Scheidung gattungsmässig trennbarer seelischer Fähigkeiten und die Ausformung fassbarer Gebilde: dahin gehören

vom Verstand ausgearbeitete Gedanken, das sind innere Worte, für die sich dann auch äussere Worte finden lassen. Ebenso ist dieses Aufsteigen aus der Tiefe unterschieden von dem Auftauchen eines bereits geformten Gebildes, das im Gedächtnis bewahrt wurde und nun wieder lebendig wird. ... Es gibt nur wenige Seelen, die in ihrem Innersten und von ihrem Innersten aus leben, und noch viel weniger, die dauernd darin und von ihm aus leben. Was von aussen an sie herantritt, zieht sie nach aussen.“[42]

Sich der Quelle nähern

Gemäss den Erfahrungen der Kontemplativen ist, wie Edith Stein schreibt, das, was aus der Quelle aufsteigt – Licht und Leben und Gnade – vor allem Bewusst- und Unbewusstsein da. Es ist zunächst weder dem Denken, noch den Gefühlen, noch der Erinnerung zugänglich und entsprechend muss die Annäherung an diese Quelle ebenso unter dem Denken, Fühlen, Erinnern durchgehen, d.h. alles dieses, das den Alltag füllt, muss hier, bei der Annäherung an die Quelle, zurückgelassen werden.

Es ist das, was Maria Petyt mit „Einsamkeit des Geistes“ bezeichnete. Dabei ist die Quelle, der man sich reinen Geistes zu nähern hat, Gottes Schöpfergeist im

[41] Joh 4,10
[42] Edith Stein aaO. S. 132

Herzen des Menschen; und der Weg dahin ist die innere Haltung der Hingabe und des Empfangens, die sich dann freilich in Werken der Liebe äussert.

Zur kontemplativen Annäherung an diese innerste Quelle setzt der Verfasser der Wolke einige Warnzeichen, „Der Anfänger“, schreibt er, „quält seinen Verstand und seine Sinne, als ob er mit Gewalt Augen und Ohren dahin bringen könnte, Geistiges zu sehen und zu hören. ... Eingebildete Anfänger machen sich einen Gott, der ihrer Vorstellung entspricht, und setzen ihn in prächtigen Gewändern auf einen exotischen Thron. ... Andere werden das Opfer ihres eigenen Hochmuts, ihres unersättlichen Wissenwollens und ihres Bildungsdünkels, auf Grund deren sie die Lehre und Führung der Kirche ablehnen.“ Ebenso wichtig ist es, die „Sucht nach Trost“, wie der Verfasser der Wolke schreibt, hinter sich zu lassen, denn „Obgleich ich die Geschenke Gottes achte, meine ich doch, wir sollten auf Glücksempfindungen und Tröstungen nicht viel geben, seien sie auch noch so berauschend und beglückend. Freue dich daran, wenn sie kommen, aber halte sie nicht fest, sie könnten zu viel Kraft von dir fordern. Ausserdem kann es sein, dass du Gott um ihretwillen liebst und nicht um seiner selbst willen.“ [43]

Das Erwachen in Gott – ein langer Prozess

Je mehr wir uns dieser Quelle in uns nähern, desto mikroskopisch genauer müssen wir auf dieses Geschehen hinblicken. Gerade was das Denken, Fühlen und Erinnern betrifft, muss noch etwas ausgeholt werden. Wir können uns fragen: Wie fühlt eigentlich ein Kleinstkind seine Mutter? Sein Denken, sein Vorstellungsvermögen, seine Erinnerungen sind ja noch leer. Es fühlt nicht „Mutter“. Es weiss ja noch gar nicht, dass es so etwas wie „Mutter“ gibt. Es fühlt Wärme, fühlt Hunger und Durst und Sättigung. Es tut das angeborene Lebensnotwendige: es saugt und schläft; und allmählich, nach und nach, erwacht in ihm das Bewusstsein. Aber dann ist es schon nicht mehr ein Säugling.

Das Erwachen ist auch so eine Sache: Wir verbinden mit gewissen, ganz fundamentalen Lebensvollzügen die Vorstellung von Plötzlichkeit. Man erwacht

[43] Kapitel 52.57.56.50

plötzlich. Man stirbt plötzlich. Man wird plötzlich bewusst. Plötzlich ahnt man etwas usw. Dabei aber sind Erwachen und Sterben und Verwandelt-werden, vorab im geistigen Bereich, lange Prozesse, im Grunde genommen Lebensprozesse. In dieser unseren Welt ist leben und sterben eins. Wenn Edith Stein vom Erwachen Gottes in der Seele schreibt – genauer genommen: das Erwachen des menschlichen Bewusstseins der Gegenwart Gottes in der Tiefe der Seele – dann ist damit ein langer, geistlicher und im Zustand der Sünde schmerzlicher Prozess gemeint.

Ein anderes ist dies: Ein Säugling kann sich noch nicht sagen: Ich fühle. Er ist gleichsam ganz Gefühl. Er ist sein Gefühl. Im Laufe der Bewusstwerdung kommt da ein Unterschied hinein. Zwischen Ich und fühlen tritt die Reflexion, das Wissen, dass ich fühle. Dort, wo der Mensch wieder ganz Gefühl wird, beim Hören eines Konzerts, zum Beispiel, im Vertieft-sein in eine Arbeit usw. fällt diese Reflexion weg. Wer von einer Melodie so erfasst ist, dass sie ihn gleichsam wegreisst, der sagt sich selber nicht: Ich höre Musik. Er ist gleichsam ganz Ohr. Wer sagt: Ich bin in die Arbeit vertieft, ist schon nicht mehr darin vertieft. Denn wäre er ganz in der Arbeit, würde er das gar nicht bemerken. Derart ist auch die Beziehung zu Gott in der Kontemplation, dass der Kontemplierende darin so aufgeht, dass er sich dessen nicht mehr bewusst ist. Er mag es sich vor der Beziehung diese Beziehung bewusst machen; in der Beziehung selber vergisst er sie. Wenn der Fromme sich seiner Frömmigkeit bewusst wird, ist er schon nicht mehr in der Frömmigkeit.

Sich selber vergessen

Dieses Von-sich-weg-Sein, dieses Selbstvergessen, hat die Eigenart, dass es überaus beglückend ist und dass man dabei alles andere vergisst, zum Beispiel auch das Verstreichen der Zeit. Man ist nie so sehr sich selbst, als wenn man sich selbst vergisst. Hier schon lässt sich sagen: die grossen Heiligen und Mystiker haben in den Höhepunkten ihres Erlebens nicht mehr Liebe zu Gott, sondern sie sind diese Liebe zu Gott ganz.

Aber der Weg dorthin ist lang, zäh und mühsam. Lassen wir es uns von Edith Stein sagen: „Gott erwacht auf mannigfache Weise in der Seele. Darin besteht das grosse Entzücken dieses Erwachens, dass die Seele die Geschöpfe durch Gott erkennt und nicht mehr Gott durch die Geschöpfe. Es ist die Seele, die vom Schlaf des natürlichen Schauens zum übernatürlichen erweckt wird."[44] Dieses aber ist ein Vorgang, zart wie das Lächeln eines Kleinkindes, dem gegenüber alle Gedanken wie Hammerschläge wirken, jede Vorstellung ein Irrtum ist, jede Erinnerung bis zum Verschwinden verblasst und der den Sinnen nichts, aber auch gar nichts gibt. Noch einmal Edith Stein: „Die Beschauung ist – [nochmals sei es hier erwähnt] – nichts anderes, als ein geheimnisvolles Einströmen Gottes. Anfangs wird diese Entflammung der Liebe gewöhnlich gar nicht wahrgenommen. Die Seele fühlt vielmehr nur Trockenheit und Leere, schmerzliche Angst und Besorgnis."[45]

Vernunft – Gedächtnis – Wille

Wenn es im Menschen den Unterschied zwischen dem, was aus dem Inneren und dem, was aus der Tiefe kommt, gibt, und das aus der Tiefe kommende Gottes Geist ist, dann lässt sich fragen, wie denn dieses Innere des Menschen sein muss, damit es das aus der Tiefe Aufsteigende aufnehmen und in die Tat umsetzen kann. Denn die Kontemplation will und kann nicht einfach eine einsame Selbstbelustigung sein wollen.

Gott hat unserem Geist drei Fähigkeiten gegeben, um seinen Geist in uns einströmen zu können: die Intuition der Vernunft, der fühlende Seelengrund des Gedächtnisses und die Freiheit des Willens.

Vernunft, Gedächtnis und Wille sind auf zwei Seiten hin offen: nach innen ins Unendliche, Übervernünftige, Übernatürliche, nach aussen auf die Geschöpfe, die Endlichkeit, das Natürliche. In der Mitte, im Schnittpunkt, lebt die Geistseele, das Stellwerk gleichsam, die Übersetzung des Intuitiven der Vernunft durch den Verstand ins äussere Wort hinein, des Gedächtnisses in die Erfahrung und Erwartung, des Willens ins Begehren.

Nun könnte man versucht sein, zu denken, die menschliche Seele müsse quasi die Waage halten zwischen innen und aussen, müsse dafür sorgen, dass

---

[44] Edith Stein aaO. S. 180
[45] Edith Stein aaO. S. 40

sowohl Gott als auch die Welt zu ihrem Recht kommen. Damit würde aber unterstellt, dass es zwischen Gott und seiner Schöpfung eine Konkurrenz gebe; und in einem geradezu fürchterlichen Hochmut dächte man, man müsse zwischen Gott und seiner Schöpfung irgendwie vermitteln, man müsse selber dafür sorgen, dass die Feindschaft zwischen Gott und Welt irgendwie, zum Beispiel durch Opfer, harte Askese, spirituellem Athletismus, Anhäufung von Gebetsübung usw. vermindert wird. Damit aber machte man gedanklich und gefühlsmässig die Schöpfung zur gottlosen Welt und Gott zum weltfernen Götzen.

Vom Wirken des Lichts

Derlei Gedanken und Empfindungen finden sich im Gestrüpp des Innern und verunreinigen das aus der Tiefe Aufsteigende. Eben darum sind die Mystikerinnen und Mystiker so sehr darauf erpicht, das Innen durch das Aufsteigen des göttlichen Lichtes zu reinigen. So schreibt der heilige Johannes vom Kreuz: „Damit man das noch besser versteht, bringen wir ein Beispiel mit dem natürlichen und gewöhnlichen Licht. Wir sehen, dass der durch ein Fenster einfallende Sonnenstrahl umso deutlicher dem Auge erscheint, je mehr Staubteilchen und Fäserchen die Luft enthält. Der Grund dafür ist, dass das Licht nicht in sich selbst gesehen werden kann, sondern das Mittel ist, durch das die anderen Dinge, auf die es stösst, gesehen werden; selbst ist das Licht dann erst in der Widerspiegelung zu sehen, die es in den Dingen hervorruft, und wenn es nicht auf sie träfe, sähe man weder die Dinge noch das Licht. So ist es auch, wenn ein Sonnenstrahl durch das Fenster eines Zimmers einfällt und das Zimmer durch ein Fenster auf der anderen Seite wieder verlässt: Es wäre im Zimmer nicht mehr Licht als zuvor, und man würde den Strahl auch nicht bemerken, wenn er nicht auf irgendetwas fiele oder es in der Luft Staubteilchen gäbe, in denen er sich widerspiegeln könnte. Es ist sogar so: Wenn man gut hinschaut, ist mehr Dunkelheit da, wo der Strahl ist; denn dieser entzieht dem anderen Licht etwas und verdunkelt es, während er nicht zu sehen ist, weil es, wie wir sagten, keine sichtbaren Gegenstände gibt, in denen er sich widerspiegeln könnte. ...“ Wenn also der göttliche Strahl der Kontemplation „mit seinem göttlichen Licht in ihn [den Menschen] hineinstösst, übertrifft er damit das natürliche Licht des Menschen und versetzt ihn dadurch ins Dunkel und entzieht ihm alle Wahrnehmungen und alle natürlichen Neigungen, derer er zuvor mit Hilfe des natürlichen Lichts gewahr wurde. So lässt er ihn nicht nur dunkel, sondern in bezug auf seine Seelenvermögen und Bestrebungen nach geistlichen und natürlichen Dingen auch leer zurück. Indem er ihn auf diese Weise leer und im Dunkeln lässt, läutert und erleuchtet er ihn mit geistlichem Licht von Gott ohne dass der Mensch daran denkt, dass er Licht hat, sondern dass er im Finstern ist. Es ist wie mit [einem Sonnenstrahl]. Obwohl er mitten im Zimmer ist, sieht man ihn nicht, wenn er klar ist und auf nichts trifft. Doch in diesem geistlichen Licht, das in den Menschen hineinstösst, sieht und versteht er sogleich viel deutlicher als vorher, als er noch im Dunkeln war, wenn es nur etwas gibt, in dem es sich widerspiegeln kann, das heisst, wenn es etwas gibt, woran man – wie klein das Staubkörnchen auch sein möge – geistig die Vollkommenheit oder Unvollkommenheit erkennen oder sich ein Urteil bilden kann, ob etwas falsch oder richtig ist. Genauso dient das geistige Licht dazu, mit Leichtigkeit eine mögliche Unvollkommenheit zu erkennen. Es ist, wie wir sagten, wie mit einem Strahl, der dunkel im Zimmer da ist, auch wenn man ihn nicht sieht; wenn man jedoch eine Hand oder etwas anderes durch ihn gleiten lässt, so sieht man die Hand sofort, und man erkennt auch, dass an dieser Stelle jenes Sonnenlicht war. Da dieses geistige Licht so einfach, klar und umfassend, mit nichts behaftet noch in einzelnes aufgesplittert ist, weder was sich auf natürliche oder göttliche Weise begreifen liesse – denn bezüglich aller Wahrnehmung lässt es die Seelenvermögen des Menschen leer und zunichte sein."[46]

Der hermeneutische Zirkel

Freilich, dieses gereinigte Herz ist das Ziel des Weges, nicht das Unterwegssein darauf hin. Das aus der Tiefe Aufsteigende vermischt sich beim ungereinigten Herzen unweigerlich mit dem, was im Inneren an Vorstellungen, Wünschen, Erwartungen, Überzeugungen, Verletzungen u.a. da ist, so dass die

---

[46] Die dunkle Nacht II. 8,2.4.5

Übersetzung dessen, was aufsteigt in Gedanken, Meinungen, Stimmungen, Hoffnung, Ängsten usw. eine unsichere Sache ist, bestenfalls ein Erkennen wie in einem unsauberen Spiegel.

Aus Ahnungen, Intuitionen, Stimmungen, Ansprüchen, die aufsteigen, lassen sich die verschiedensten Ansichten, Hypothesen, Theorien bilden, und es stellt sich sogleich die Frage nach welchem Kriterium diese zu beurteilen sind.

Der Philosophie ist die Vernunft das höchste Kriterium, der Wissenschaft die Erfahrung und das Experiment, dem Durchschnittsmenschen schlicht der „gesunde Menschenverstand". Der grosse Mystiker Johannes vom Kreuz und die promovierte Philosophin Teresia Benedicta a Cruce (Edith Stein) trugen das eigentlich christliche Kriterium bewusst in ihrem Namen. Es ist jenes Kriterium, das der Apostel Paulus so benennt: „Ich hatte mich entschlossen, bei euch nichts zu wissen ausser Jesus Christus, und zwar als den Gekreuzigten."[47]

Das könnte in eine Leidensmystik führen. Aber das Kreuz, richtig verstanden, führt ins Herz der Liebesmystik. Das wird noch aufzuweisen sein.

Vorerst nur so viel: Da die Worte Jesu Christi aus der göttlichen Tiefe heraus kommen, sind sie der sicherste Weg , mit dieser Tiefe in Verbindung zu gelangen, wie wiederum die Tiefe der Worte Christi um so tiefer verstanden werden, je mehr man selber in diese Tiefe hinein kommt. Das ist der hermeneutische Zirkel. Das äussere Wort befruchtet das innere und umgekehrt das innere das Verständnis des äusseren.

---

[47] Vgl. 1 Kor 13,12

Die grosse Kluft

Betrachten wir dazu folgende Begebenheit: „Von da an begann Jesus, seinen Jüngern zu erklären, er müsse nach Jerusalem gehen und von den Ältesten, den Hohenpriestern und den Schriftgelehrten vieles erleiden; er werde getötet werden, aber am dritten Tag werde er auferstehen. Da nahm ihn Petrus beiseite und machte ihm Vorwürfe; er sagte: Das soll Gott verhüten, Herr! Das darf nicht mit dir geschehen! Jesus aber wandte sich um und sagte zu Petrus: Weg mit dir, Satan, geh mir aus den Augen! Du willst mich zu Fall bringen; denn du hast nicht das im Sinn, was Gott will, sondern was die Menschen wollen. Darauf sagte Jesus zu seinen Jüngern: Wer mein Jünger sein will, der verleugne sich selbst, nehme sein Kreuz auf sich und folge mir nach."[48]

Jesus spricht hier nicht nur von seinem bevorstehenden Tod, sondern auch von seiner Auferstehung; und auf den Protest des Petrus antwortet er: du willst nicht, was Gott will. Du denkst nicht die Gedanken Gottes. Damit macht er auf etwas aufmerksam, das bereits der Prophet Jesaja verkündet hatte, nämlich: „Meine Gedanken sind nicht eure Gedanken und eure Wege sind nicht meine Wege – Spruch des Herrn. So hoch der Himmel über der Erde ist, so hoch erhaben sind meine Wege über eure Wege und meine Gedanken über eure Gedanken."[49]

Es ist da also eine grosse Kluft zwischen den rein menschlichen Gedanken und den Gedanken Gottes, womit auch gesagt ist, dass, wer immer mit der Quelle im Innersten seiner Seele in Verbindung treten will, rein menschliche Gedanken übersteigen muss. Vor allem muss er sich dessen bewusst sein, dass er da mit dem Ewigen, dem letzten Ziel und Sinn menschlichen Lebens in Kontakt kommt.

Doch es lässt sich fragen: Welcher Teufel hat dem Menschen eingeredet, dass es kein ewiges Leben gebe? Welcher Teufel hat den Tod so verabsolutiert, dass der Mensch in seinem Denken und Fühlen auf das reine Diesseits zurückgeworfen werde? Sollte es denn ernstlich und redlich denkbar sein, dass immer nur die jeweils drei bis vier Generationen, die jetzt leben, existieren und

48 Mt 16,21-24
49 Jes 55, 8.9

die Milliarden von Menschen vorher und die Milliarden von Menschen, die vermutlich noch kommen werden, einfach nichts sind? Ist die Spitze des Eisbergs das einzig Reale am ganzen Eisberg? Welcher Teufel hat dem Menschen das Bewusstsein genommen, dass seine Welt hier und jetzt noch nicht die für ihn bestimmte Welt ist, sondern lediglich der Ort des Wachsens, anderes nicht, als die Wurzel einer im Werden begriffene Pflanze?

Der Psalm 90 sagt: „Unsre Tage zu zählen, lehre uns! Dann gewinnen wir ein weises Herz". Wenn der Mensch dieses unendliche Ziel nicht wahrhaben will,

dann sperrt er sich gegen die in ihm aufsteigende Sehnsucht. Sie wird ihm zur Nacht, weil er sich zurückwirft auf die dunklen Gedanken von Abschied, Verlust und Weltschmerz. Wer das Endgültige aus dem Blick verliert, verliert über kurz oder lang den Sinn für das Vorläufige. Er mag es zwar in grossen Zügen zu geniessen meinen, im Grunde genommen vergeudet er unbewusst jene Energie, die er zum Verdrängen der Wahrheit vom Tode aufbringen muss.

Die Kluft zwischen den Gedanken Gottes und jener der Menschen besteht auch zwischen dem Menschen, sofern er ‚Fleisch' und Gott, der reiner Geist ist. Das leugnet die Auferstehung des ‚Fleisches' ebenso wenig wie den Auferstehungsleib des Auferstandenen, aber es besagt, dass der Mensch, der Gott begegnen will, geistig werden muss. Das besagt letztlich das Hinter-sich-Lassen alles rein ‚Fleischlichen'. Wie soll das gehen?

Zunächst ist zu sagen, dass der Mensch in allen seinen Taten, Gedanken und Gefühlen nie nur ‚fleischlich' ist. Das Erkennen eines Geschöpfes als Geschöpf, das Erkennen von sich selber als sich selbst, ist geistiges Geschehen. Geist als solcher ist nicht fassbar, erkennbar nur an seinen Wirkungen. Geist ist schöpferisch, personal und original. Gott ist Geist, aber Geist ist nicht schon eo ipso Gott. Engel sind reine Geister. Jesus sagte in der Auseinandersetzung mit den Leugnern der Auferstehung des Menschen: „Ihr irrt euch; ihr kennt weder die Schrift noch die Macht Gottes. Denn nach der Auferstehung werden die Menschen nicht mehr heiraten, sondern sein wie die Engel im Himmel."[50]

Wie die Spuren der Kreuzigung beim erscheinenden Auferstandenen vorhanden waren, so wird auch der Mensch in Ewigkeit die Spuren seines

---

[50] Mt 22,28-30

Lebens in sich tragen, verklärt und gereinigt freilich. Soviel, denke ich, kann man sagen.

Die Tendenz zur Vergeistigung ist im Mensch angelegt. Dieser Vorgang ist jedoch der menschlichen Sünde wegen, ein schmerzlicher. Johannes vom Kreuz gibt uns dazu folgendes Gleichnis: Der Mensch wird geläutert, indem er durch ein Feuer geht, wie Jeremia sagt: „Er sandte Feuer in meine Gebeine und unterwies mich (Klgl 1,13); und David sagt, dass die Weisheit Gottes Silber ist, im Feuer geprüft (Ps 12,7), d.h. im läuternden Feuer der Liebe ... Diese Entflammung und brennende Liebessehnsucht spürt der Mensch nicht immer; denn am Anfang, wenn die Läuterung des Geistes beginnt, zielt bei diesem göttlichen Feuer alles mehr aufs Austrocknen und auf die Zubereitung des Holzscheits ab, das der Mensch ist, als auf dessen Erwärmung. Doch mit der Zeit, wenn dieses Feuer den Mensch nach und nach erwärmt, spürt er recht häufig diese Entflammung und Wärme der Liebe."[51]

Die gefährliche Quelle

Nun wird die ganze Geschichte doch sehr unangenehm und gefährlich. Bedenkt man, dass die innerste Quelle Gottes Gegenwart ist, bedenkt man ferner, dass der Hebräerbrief sagt: „Es ist furchtbar, in die Hände Gottes zu fallen"[52] und der Brief an die Philipper mahnt: „Müht euch mit Furch und Zittern um euer Heil",[53] dann wird die Spur, auf der wir uns befinden, unheimlich. Man kann sich dieser Quelle, die man in sich trägt und aus der einem das Leben zuströmt, tatsächlich nur noch mit Furcht und Zittern nähern und man fühlt sich in der Situation des Volkes Israel in der Wüste an jener Stelle, von der gesagt wird: „Das ganze Volk erlebte, wie es donnerte und blitzte, wie Hörner erklangen und der Berg rauchte. Da bekam das Volk Angst, es zitterte und hielt sich in der Ferne. Sie

---

[51] Vgl. Die dunkle Nacht II, 12,2.5
[52] Hebr 10,31
[53] Phil 2,12

sagten zu Mose: Rede du mit uns, dann wollen wir hören. Gott soll nicht mit uns reden, sonst sterben wir."[54]

Was aber ist das Gefährliche an dieser Quelle? Was ist es, das schmerzt und dunkel ist und doch letztlich zum Heil führen soll? Nun, wir können es ohne Umschweife sagen: Alle Abhängigkeit von etwas, das nicht Gott ist, muss radikal, das heisst in der Wurzel, ausgebrannt werden. Und eben das wird die Wirkung dieser Quelle sein. So schreibt Edith Stein: „Der Glaube stellt der Seele Christus, den Gekreuzigten, vor Augen. Trockenheit, Ekel und Mühsal sind das rein geistige Kreuz. Nimmt sie es an, so erfährt sie, dass es ein sanftes Joch und eine leichte Last ist. Auch für die Seele führt das Vernichtetwerden, der Kreuzestod bei lebendigem Leibe, im Sinnlichen wie im Geistigen, zur Vereinigung mit Gott. Das sich hinein Begeben in das mitternächtliche Dunkel des Glaubens ist der einzige Weg zu dem unbegreiflichen Gott."[55] Danach sehnt sich der Mensch, ob er es bewusst wahrnimmt oder nicht. Irgendwie schlummert halbwach das Verlangen nach Verwandlung, was oberflächlich als Drang nach Veränderung gedeutet und oftmals ausgelebt wird.

Diese innerste Sehnsucht bedarf, wie alles, was in der Intuition nach Bewusstsein drängt, der Deutung. In diese Deutung kann sich allerlei Irrtum, Phantasie, Abwegiges mischen, je ‚fleischlicher', desto mehr. Deswegen bedarf das, was als inneres Wort entsteht, weil unrein gemacht, der Reinigung und Leitung durch das äussere Wort; und eben dieses sind die äusseren Worte des einen inneren Wortes Jesus Christus. Alles in der Tiefe spricht von ihm.

So verstanden besteht die Kontemplation darin, das äussere Wort mit dem inneren zusammen zu schalten, denn es besteht die Gefahr, dass das von aussen gehörte Wort an der Oberfläche bleibt, gleichsam im Kopf, statt im Herzen. Ausserdem kann das äussere Wort auch sehr boshaft und bösartig verdreht und entstellt werden.

---

[54] Ex 20,18f

[55] Edith Stein aaO. S. 100

Kontemplation im Alltag

Manchmal sagen Menschen, wenn sie anderer Leute Verhalten oder Meinungen missbilligen, meinend, ihr Vorwurf hätte dann mehr Gewicht: „Was würde Jesus heute sagen?". Und man spürt: diese Frage ist heuchlerisch und falsch gestellt. Sie missbrauchen Jesus als Keule im Kampf gegen anderer Leute Meinung; und das ist gesinnungsmässig nicht weniger verwerflich als das Lieblingsthema solcher Menschen, nämlich: Kreuzzüge und Hexenverbrennungen.

Die Frage, was Jesus heute sagen würde, ist dann echt, wenn sie im Stillen, ernstlich und tief, mir selber gesagt ist. Entscheidend ist, was Jesus mir sagt, nicht, was er anderen sagen würde. Ausserdem ist es Hochmut, zu meinen, man könne selber entscheiden, was Jesus heute und in dieser konkreten Situation sagen würde, genauso, wie es Hochmut ist, zu behaupten, Jesus habe zwar dieses gesagt aber jenes gemeint. Nein, wer ein kontemplatives Leben führen will, was freilich in jedem Fall das Beste wäre, hat nicht zu fragen, was Jesus sagen würde, sondern, was er in Tat und Wahrheit gesagt hat.

Alltag und Kontemplation

Die Frage ist aber dann auch: Kann jemand, der in vielen Beschäftigungen involviert ist, der den lieben langen Tag mit viel Einsatz tätig ist, seine Arbeit mit Gewissenhaftigkeit tut, abends müde ist und selbstverständlich ein Recht hat, die freie Zeit nach seiner Lust zu verbringen, jemand, der schlicht und einfach vom Alltag voll und ganz in Anspruch genommen ist, kann so jemand ein kontemplatives Leben führen?

Ja, er oder sie kann. Die grossen Mystikerinnen und Mystiker, z.B. Teresa von Avila, Johannes vom Kreuz, Meister Eckhart, Bernhard von Clairvaux, Mutter Teresa von Kalkutta, waren alles andere als untätig. Kontemplativ waren sie allemal.

Diese Spur führt nun zur wichtigen Unterscheidung in die Übung der Kontemplation einerseits und die kontemplative Haltung andererseits. Die in der kontemplativen Übung eingeübte Haltung bleibt auch im hektischen Alltag erhalten, ja, sie macht, dass man in aller Hektik ruhig und gesammelt bleiben kann. Die kontemplative Übung macht nicht passiv, sondern macht im Gegenteil den aktiven Einsatz kraftvoll.

Andererseits ist der aktive Einsatz das Feld für die Einübung der kontemplativen Haltung, was wiederum zurückwirkt auf die kontemplative Übung.

Unser inneres Feuersalz

Dieser Spur muss nun freilich etwas genauer nachgegangen werden.

Im Markusevangelium lesen wir: „Denn jeder wird mit Feuer gesalzen werden. Das Salz ist etwas Gutes. Wenn das Salz die Kraft zum Salzen verliert, womit wollt ihr ihm seine Würze wiedergeben? Habt Salz in euch und haltet Frieden untereinander!„[56]

Das sind die Worte Jesu Christi. Nun ist Jesus Christus nicht einfach ein Wegweiser auf der Landkarte unseres Lebens, sondern er selber ist der Weg, er ist die Spur Gottes, jene Spur, auf der wir sind, wenn wir uns um eine kontemplative Haltung bemühen. Er ist die Quelle in uns, jene Quelle, auf die hin unsere Spur uns brachte, jene Quelle, die uns gefährlich vorkommt. Wenn er also sagt, dass jeder, der ihm folgt, mit Feuer gesalzen wird, dann ist davon auszugehen, dass die innerste Quelle in uns, das, was als Intuition in uns aufsteigen will und auch aufsteigt, im Masse wir es aufsteigen lassen, ein innerer Strom von Feuer und Salz. Es ist dann eben dieses Feuersalz, das den kontemplativen Mensch von innen her in einem langen und schmerzhaften Prozess reinigt.

Diese Reinigung nimmt der Mensch solange nicht bewusst wahr, als er lediglich in den oberflächlichen Regionen seiner Psyche lebt. Freilich findet dieser Prozess trotzdem, bei jenen, die das Leben annehmen und bejahen, statt Die Gefahr besteht indessen, dass, sobald so etwas im Inneren spürbar wird, der Mensch sogleich in die Zerstreuungen, seien sie nun äusserlich oder rein innerlich, flüchtet. Tut er es nicht, hält er dem, was aus seiner Tiefe kommt,

---

[56] Mk 9,49f

stand, dann geschieht allmählich, erst unmerklich, das, was der Apostel Paulus so beschreibt: Der Mensch wird gerettet werden, „aber wie durch Feuer hindurch".[57]

Wahrnehmbar ist davon zunächst nur, was Johannes vom Kreuz als „Austrocknen" und „ Zubereitung" bezeichnet, Edith Stein „Trockenheit, Ekel und Mühsal" nennt und Maria Petyt als eine Übung, die ihr anfangs sehr mühevoll war und ihr nicht schmeckte, beschreibt.

Ein Wort zur Abhängigkeit

Es ist nun zu fragen, welcher Art denn dieses „Feuer" ist, was es ausbrennt und wie man sich zu verhalten hat, damit es das bewirkt, was es dem Willen Gottes gemäss bewirken soll. Mit anderen Worten, was davon zur kontemplativen Übung gehört und was im Alltag, bei allem Sein und Tun die kontemplative Haltung ist.

Dahin soll uns wieder ein Wort Christi führen: „Meint ihr, ich sei gekommen, um Frieden auf die Erde zu bringen? Nein, sage ich euch, nicht Frieden, sondern Spaltung. Denn von nun an wird es so sein: Wenn fünf Menschen im gleichen Haus leben, wird Zwietracht herrschen: Drei werden gegen zwei stehen und zwei gegen drei, der Vater gegen den Sohn und der Sohn gegen den Vater, die Mutter gegen die Tochter und die Tochter gegen die Mutter, die Schwiegermutter gegen ihre Schwiegertochter und die Schwiegertochter gegen die Schwiegermutter."[58]

Das grosse Thema ist hier die Abhängigkeit. Der Mensch ist mit jeder Faser seines Seins ganz und gar von Gott, seinem Schöpfer, abhängig. Es ist eine Abhängigkeit der Liebe, der reinsten, vollen, unausschöpflichen Liebe, die den Menschen frei macht. Jede andere Abhängigkeit macht ihn unfrei und sondert ihn von Gott, seinem Schöpfer, ab. Freiheit oder nicht Freiheit heisst für den Menschen die Entscheidung für oder gegen Jesus Christus, der Gott und

---

[57] 1 Kor 3,13
[58] Lk 12,51-53

Mensch ist; und es ist eben diese Entscheidung für Christus, die zur Spaltung bis in den engsten Familienkreis hinein nicht führen muss, aber kann.

Die Frage ist nicht die, ob der Mensch andere und Andersdenkende abschreiben und verachten solle, sondern die, ob er diese Entscheidung auch dann durchhalten kann, wenn sie für ihn die Trennung von anderen bedeuten könnte oder ob seine Abhängigkeit von andern Menschen stärker ist als seine Freiheit zur Entscheidung, sofern er sich für Gott in Jesus Christus entscheidet.

Eine allumfassende, befreiende Liebe

Die Entscheidung für Christus bedeutet auch die Entscheidung zu einer Liebe zu den Mitmenschen, welche diese weder beherrschen, noch sich von ihnen beherrschen lässt, eine Liebe, die frei macht und frei lässt, eine Liebe, die Kinder segnet, dem Schuldigen verzeiht, bis zur Feindesliebe geht, in freier Souveränität mit reinem Herzen, ausnahmslos alle Geschöpfe einbezieht und die Sünde hasst. Die kontemplative Haltung besteht dem Mitmenschen gegenüber in freiem Geben und Nehmen, Gott gegenüber in freier Ganzhingabe und reinem Empfangen.

Hingabe – Empfangen

“Was hast du, das du nicht empfangen hättest?“ fragt der Apostel Paulus die Glaubenden von Korinth.[59] Kontemplation ist ganz Empfangen, Einströmen Gottes aus der Tiefe der Seele, ist Einströmen von Licht, von leisen Tönen, von zartem Gefühl einerseits.

Andererseits darf man unter keinen Umständen etwas davon mit den Sinnen erfahren wollen. Alles das ist rein geistig. So kommt man zu den paradoxen Formulierungen, es dringe in die Seele, in das Lebensprinzip des Menschen also, ein unsichtbares Licht, unhörbare Töne, unfühlbares Gefühl. Dem ist so, weil das rein geistige Sehen, das rein geistige Hören, das rein geistige Fühlen noch nicht oder noch zu wenig wach ist. „Ich hatte noch keinen wahren Zugang zur Einsamkeit des Geistes“, schrieb, wie schon erwähnt, Maria Petyt.

Es ist vergleichbar neugeborenen Welpen: sie sehen und hören nicht, was sich um sie herum abspielt. Für sie gibt es noch keine Aussenwelt. Könnten sie denken, so würden sie glatt denken, es gebe gar keine Welt. Sie sind irgendwie da, sind da, seit sie sich erinnern können. Vor ihnen war nichts, nach ihnen wird nichts mehr sein. Das ist denn auch das Grundgefühl des rein sinnlichen Menschen.

Reines Dasein für Gott

Aber auch wenn das geistige Sehen, Hören und Fühlen zaghaft und langsam erwacht, wird immer ein Schleier über dem rein Geistigen des Menschen sein, ein Schleier, der erst im Sterben zerrissen wird. Dieses allmähliche Öffnen des rein Geistigen im Menschen, das Dünnerwerden des Schleiers über dem Geistigen bis hin zur durchlässigen Wolke ist reine Tat Gottes. Der Mensch hat in der kontemplativen Übung nichts zu tun als die reine Hingabe an Gott, reines Dasein für Gott in der Gegenwart Gottes und radikal auszuräumen, was irgendwie Sinnliches da sein will. Der Mensch ist da in einem ganz und gar erfüllten Nichts.

---

[59] 1 Kor 4,7

„Warte geduldig und bescheiden auf sein Wirken in dir und lechze nicht gierig wie ein ausgehungerter Hund nach seiner Gnade. Wem aufgeht, was ich meine, und wer es tut, wird erleben, wie beglückend das Spiel Gottes mit der Seele des Menschen ist", schreibt dazu der Verfasser der Wolke.[60]

„Es gibt manche, die meinen, dass sie rein mit der Kraft und Betätigung des Sinnenreichs, das von sich aus unzulänglich und nichts weiter als natürlich ist, zu den Kräften und in die Höhe des übernatürlichen Geistes kommen und gelangen können", schreibt Johannes vom Kreuz, "dahin gelangt man aber nicht, wenn nicht das Sinnenreich des Leibes mit seiner Betätigung zurückgestellt und beiseite gelassen wird."[61]

Die Haltung der Hingabe

Im Masse wie der Mensch auf Gott hin durchlässig wird, entsteht die Haltung der Hingabe an das Empfangen. Wer geistigerweise nicht empfangen will, weil er mit anderen Reichtümern gesättigt ist, wer also, wie Christus sagt, reich und satt ist, spürt dieses innerste Bedürfnis nach der geistlichen Beziehung, das Bedürfnis nach echter Liebe, kaum mehr. Dieses innerste Bedürfnis nach Liebe nennt man im geistigen Bereich nicht mehr Bedürfnis, sondern Sehnsucht. Es ist ein Hunger und Durst nach Gerechtigkeit im Sinne der Erfahrung, dass da ein liebender Gott ist, der einem gerecht wird.

Sehnsucht ist wie Heimweh

Aber auch diese Sehnsucht kann man nicht selber produzieren; sie steigt aus der Tiefe des göttlichen Grundes im Menschen auf und erfüllt ihn immer mehr mit der Sehnsucht nach Gott, mit der Sehnsucht, die das eigentliche Samenkorn der Liebe zu Gott ist. Sehnsucht ist wie Heimweh. Solches erzeugt man nicht selber; man wehrt sich sogar dagegen. Heimweh überfällt einen gegen den eigenen Willen. So ist es mit der Sehnsucht nach Gott und der Liebe zu ihm. Wenn sie echt sind, steigen sie aus der Tiefe auf und reissen einen fort. Selbsterzeugte Sehnsucht dagegen ist wie eine künstliche Blume, leblos und starr.

---

[60] Kapitel 46 Fehlende Gelassenheit

[61] Lebendige Liebesflamme 2,14

Rein und absichtslos

Vom Einströmen Gottes in die Seele kann und darf überhaupt nichts spürbar sein. Im geistlichen Leben ist die Gefahr enorm, dass man etwas als von der Tiefe Gottes herkommend betrachtet, was aus dem eigenen Inneren kommt, aber jeder Hauch eines auch nur andeutungsweise gewollten Gefühls, jede Regung eines Impulses, die auch noch so flüchtig gewollt ist, einem im zarten Windhauch sich bewegenden Federchen gleich, bilden dem Einfliessen Gottes ein Hindernis. Das Innen muss glasklar werden; es darf nicht das Stäubchen von Eigenem haben. Und es wird nicht glasklar durch Abwaschen, sondern durch Ausbrennen.

Der Verfasser der Wolke gibt seinem Schüler den Rat: „Weise alle Gedanken und Bilder ab, die während der kontemplativen Übung auftauchen. Solange du dich mit etwas beschäftigst, was nicht Gott selbst ist, steht es als ein Hindernis zwischen dir und ihm. Weise darum alle Gedanken und Vorstellungen entschieden ab, mögen sie noch so gut und vielversprechend sein. Ich sage dir: Eine einzige blinde Regung der Liebe zu Gott gefällt ihm und den Heiligen mehr und bringt dir selbst und deinen lebenden und verstorbenen Freunden mehr Nutzen als alles andere, was du sonst tun könntest“.[62]

Es ist, als sässe man blind und taub in einem fremden Raum, doch mit dem sicheren Wissen, dass noch jemand da ist. Der Glaube an die Gegenwart dieses „Jemand“ muss gewisser sein als alle Dinge, die einen umgeben. Das erste, das in dieser Gegenwart zu tun ist, sagt der hl. Johannes vom Kreuz, ist, „dass sie [die Seele] alle fremden Götter hinauswerfe, das sind alle fremden Neigungen und Verhaftungen [d.h. die sinnlichen Begierden]“.[63] Vom Einströmen Gottes in die Seele kann und darf überhaupt nichts spürbar sein. Was allenfalls spürbar ist, ist Sehnsucht und Liebe, eine erstaunliche, nicht erklärbare Liebe des Kontemplierenden ins Leere hinein, in ein „Ich-weiss-nicht-was“.[64] Folglich ist in der Kontemplation die absolut reine Absichtslosigkeit notwendig. Das Fühlbare ist, erstaunlich genug, ungewollt und wie aus nichts

---

[62] Kapitel 9: Lieben im Dunkel des Nichtwissens
[63] Aufstieg I, 5,7
[64] Der geistliche Gesang 7,9

kommend, Echo und Antwort, vergleichbar höchstens dem Überfall von Zärtlichkeit beim Anblick eines geliebten Mitgeschöpfs.

Das innere Wort

„Die Sehnsucht nach Gott ist die Zubereitung für die Vereinigung mit ihm", schreibt Edith Stein, und: „Menschen, die sich noch nicht von allem Begierden und Neigungen freigemacht haben, sollen überzeugt sein, dass sie verkehrt urteilen. Bei dem sinnlichen Menschen werden auch Begierden, die im Geist ihren Ursprung haben, zu bloss natürlichen".[65] Die Antwort wird innerhalb der kontemplativen Übung auch nicht verbal sein. Das „innere Wort" ist kein Wort aus Fleisch und Blut. Es muss zuerst geboren sein und Fleisch werden. „Was rein natürlicherweise aufsteigt und spürbar wird, ist schon nicht mehr das rein innere Leben der Seele", schreibt Edith Stein.[66]

In der Antwort ist, weil sie sich im Prozess der Wortwerdung mit dem Inneren vermischt und solange dieses Innere nicht vollkommen rein ist, noch viel Groll, Abneigung, Vorurteil, Bluff, falsche Selbsteinschätzung usw. vorhanden. Auch aus diesem Grunde bedarf sie, die Antwort, der Abstimmung mit der Lehre des Evangeliums, wie sie uns durch die katholische Kirche vermittelt wird. „Nichts, was uns auf übernatürlichem Wege kund wird, soll man glauben, als allein die Lehre des Gottmenschen Jesus Christus und seiner menschlichen Diener. ... Die Seele kann unmöglich durch eigene Betätigung zu erhabenen intellektuellen Erkenntnissen gelangen. Man darf sie weder suchen noch abweisen", so Edith Stein.[67] Die kontemplative Übung, welche auch die innere Ordnung oder Unordnung unterläuft und eben deshalb die Meditation nicht nur nicht überflüssig macht, sondern ihrer bedarf, ist der Verzicht auf wirklich alles, was nicht Gott ist, inklusive Gedanken und Vorstellungen von ihm.

---

[65] Edith Stein aaO. S. 176
[66] aaO. S. 131

[67] aaO.

Das Schweigen

Nehmen wir noch einmal das Beispiel des Blinden und Tauben. Da sitzt man also in einem fremden Wartezimmer, blind und taub und mit dem sicheren Wissen, dass noch irgendjemand anderer da ist. Nun kommt dieser Jemand auf einen zu, man spürt es wie eine leise Ahnung. Man spürt, dass dieser Eine auf einen zukommt, einen umfasst und durchdringt. Man erkennt: dieser Eine ist das Schweigen.

Es ist kein eisiges Schweigen. Es ist ein erholsames, wohltuendes, eine Zartheit weckendes Schweigen. Es ist das Innerste der göttlichen Quelle, ein flutendes Licht;[68] und es weckt die Sehnsucht. Diese Sehnsucht nach irgendjemand ist bereits die Reaktion, das Echo, der leise Widerhall des Schweigens Gottes in der Seele. Diese Sehnsucht ist mehr als der Wunsch nach Glück und Erfüllung, mehr als ein gespürter Mangel oder ein Begehren nach Sinn, sondern das Ankommen der göttlichen Gnade in der Seele, und die Liebeswunde, die dieses Ankommen schlägt.

„Quälen dich [jetzt] zerstreuende Gedanken", rät der Verfasser der Wolke, „so tue, als ob du nicht merkst, dass sie sich zwischen dich und Gott drängen. Übersieh sie einfach.... Diese Methode zielt auf eine innige Sehnsucht nach Gott, auf das Verlangen, ihn schon in diesem Leben zu schauen und soweit möglich zu verkosten. Eine solche Sehnsucht ist wirkliche Liebe".[69]

Es tut gut, dieses Schweigen einfach zu geniessen. Wie man eine Melodie geniesst.

---

[68] Vgl. Mechthild von Magdeburg

[69] Kapitel 32

Den Weg freilegen

Die zerstreuenden Gedanken entspringen dem Gedächtnis, dem Erinnern also und der Erwartung. In der kontemplativen Übung ist jede Form des Erinnerns und Erwartens, freudiger oder schmerzlicher Art, jede Form von Planen, jeder Gedanke an gestern, heute und morgen, auszuschalten. Das erfordert freilich ein mühsames und zähes Üben, ist aber in der Übung der Kontemplation unumgänglich.

Edith Stein schreibt in der Kreuzeswissenschaft: „Weil die Seele Gott mehr aus dem erkennen muss, was er nicht ist, als aus dem, was er ist, muss sie auf ihre Wahrnehmungen, natürliche wie übernatürliche, ganz und gar verzichten, statt sie zuzulassen. Das Gedächtnis muss also zuerst aller Kenntnisse und Bilder entkleidet werden, die es durch Vermittlung der leiblichen Sinne gewonnen hat. ... Je mehr das Gedächtnis sich in der Entsagung übt, desto mehr gewinnt es an Hoffnung. ... Je mehr die Seele das Gedächtnis von Formen und Dingen freihält, die nicht Gott sind, desto tiefer wird sie es in Gott begründen".[70]

Ist das Gedächtnis das Bewusstsein der Kontinuität, das Bewusstsein also, dass man gestern und heute, früher und jetzt, bei allen Erfahrungen und Wandlungen, derselbe ist, dann bedeutet die Übung der Kontemplation, für eine kurze Zeit zumindest, aus der horizontalen, zeitlichen Kontinuität auszusteigen in die tiefere, vertikale, zeitlose Kontinuität der Beziehung zu Gott. Die Zeit wird von einem Strahl Ewigkeit getroffen, wird zu einem Augenblick erfüllter Zeit aufgebrochen.

Soll also in der kontemplativen Übung das Gedächtnis von allen Inhalten, gedanklicher und intuitiver Art, entleert werden, so gilt dasselbe für den Willen. Die kontemplative Übung macht man willenlos, ohne irgendeine Absicht, ohne Erwartung, völlig nichts von alldem. Der kontemplative Wille will nicht ein Gefäss des eigenen, sondern des göttlichen Willens sein, wissend, dass er nur so ein menschlich freier Wille sein kann.

Der Wille ist die treibende Kraft für das Handeln und Verhalten des Menschen. Er entspringt dem Begehren, dem Wunsch, der Absicht. Was man hat, will man

---

[70] Edit Stein aaO. S. 67

behalten, was man noch nicht erreicht hat, erreichen, immer vorausgesetzt, das Gehabte und das zu Erreichende sei mit Lust oder zumindest mit der Abwesenheit von Unlust verbunden. Um etwas Erstrebenswertes zu erlangen, kann der Wille dem Menschen Erstaunliches abverlangen. Wo es um das nackte Überleben geht, wächst der Mensch, kraft seines starken Willens, über sich selbst hinaus. Der Wille, der ins Geistige durchbricht, erreicht seine Vollgestalt in der Zustimmung zum Willen Gottes. Die bewusste und gewollte Abkehr vom Schöpfer ist ein Missbrauch der schöpferischen Freiheit.

Das Dilemma mit dem Willen

Hier scheint sich nun ein Dilemma zu ergeben, insofern als man einerseits den Willen ausschalten soll und man andererseits mit eben diesem Willen die Zustimmung zum Willen Gottes zu geben hat. Wie aber soll man mit einem ausgeschalteten Willen noch etwas wollen können? Jedoch: Es gibt sehr wohl den Unterschied zwischen dem egoistischen Eigenwillen, der zu überwinden ist, und dem gereinigten, von der Selbstsucht befreiten Willen, der auch durch Hindernisse hindurch in den Willen Gottes einwilligt. Aber weil eben dieser eigene Wille zum selbstlosen Willen hin geläutert werden muss, darum kommt es in der kontemplativen Übung auf den Verzicht auf jegliche Willenstätigkeit an, damit dieser kraftlos gemachte Wille dem Willen Gottes geöffnet wird.

Mit Gott verwurzelt

Man darf dem Menschen nicht zumuten, dass er sich selber zur Marionette macht und fremdbestimmt lebt. Es widerspricht mit Sicherheit dem Willen Gottes, dass ein Mensch den anderen versklavt, ausnützt, vergewaltigt. Eben darum ist es das einzig Richtige, dass ein Geschöpf sich ganz dem Willen des Schöpfers unterwirft, denn allein das macht den Menschen frei. Da Gott im Innersten des Menschen wohnt und wirkt, wird der Mensch dadurch nicht fremd bestimmt, sondern lebt und wirkt aus dem Eigenen, zu dem es wesentlich gehört, aus dem Leben Gottes heraus zu leben. Würde Gott dem Menschen nicht fortwährend das Leben einhauchen, so hörte eben dieser Mensch auf zu sein. Die Geschöpfe haben ihre Wurzeln im Leben Gottes, ob sie das wissen oder nicht. In der Tiefe, im Wurzelgrund, sind Gott und Mensch eins. Das ist kein Pantheismus, weil ja Gott den Menschen nicht absorbiert, sondern ihn als Geschöpf frei setzt. Wer also die Beziehung zu Gott sucht und pflegt, sucht und pflegt seine eigenen Wurzeln, wie umgekehrt ein Mensch zutiefst entwurzelt und heimatlos wird, wenn er sich von Gott lossagt.

Da der Wille Gottes den Menschen frei macht, dieser Wille aber, wenn er im Menschen aufsteigt, mit Menschlich-Selbstbezogenem vermischt wird, ist es wichtig, in der Kontemplation auf den menschlichen Willen überhaupt zu verzichten. „Wer wirklich nichts anderes mehr will, als Gott will, in blindem Glauben, der hat die höchste Stufe erreicht, die der Mensch mit Gottes Gnade erringen kann: sein Wille ist völlig gereinigt und frei von aller Bindung durch irdische Antriebe.“, schreibt Edith Stein.[71] Und eben dieses ist das Ziel der Kontemplation, denn, so Edith Stein: „... die Abwendung von allem, was nicht Gott ist ... ist die Hauptarbeit, die in der aktiven Nacht des Geistes geleistet wird.“[72] Eben diese Nacht wird in der kontemplativen Übung angestrebt.

Leben oder Vegetieren

Den Spuren, die zur Quelle führen, nachgehend, taucht die Frage auf, was denn geschieht, wenn man sich so quasi auf sein eigenes Nichts zurückzieht und ob es sich mit dem Verzicht auf den Eigenwillen, auf alle Gedächtnisinhalte und auf religiöses Wissen überhaupt leben Lässt. Dieser Frage lässt sich auch nicht dadurch ausweichen, dass man antwortet, das gelte nur für die Zeit der kontemplativen Übung, denn es ist ja das Ziel dieser Übung, zur kontemplativen Haltung zu werden.

Die Frage lässt sich noch dahin zuspitzen, dass man sich der Worte Christi erinnert: „Euch soll es zuerst um das Reich Gottes gehen, alles andere wird euch hinzugegeben werden“[73]. Ist die kontemplative Übung der Königsweg dieser Suche, dann ergibt sich die Frage, ob dieses Suchen überhaupt lebbar ist oder ob man sich aufmachen sollte, einen anderen Weg zu finden.

---

[71] Edit Stein aaO. S. 67
[72] Edith Stein aaO. S. 98

[73] Mt 6,33

„Vergib uns unsere Schuld..."

Im Vater-unser lehrt uns Jesus um das Kommen des Reiches Gottes zu beten. Nebst der Aufforderung: „Wenn ihr betet, dann betet so: „Unser Vater im Himmel ..."[74] enthält dieses Gebet nur eine Voraussetzung auf der Seite des Beters: „Vergib uns unsere Schuld, wie auch wir vergeben unseren Schuldigern". Das gegenseitige Verzeihen, das radikale und umfassende Vergeben der Schuld, scheint die einzige Voraussetzung für das Kommen des Reiches Gottes zu sein. Die kontemplative Haltung hiesse dann, keinen eigenen Willen zu haben, jedem Menschen so mit leerem Gedächtnis zu begegnen als sähe man ihn zum ersten Mal und jeglichen religiösen Wissens bar zu sein. Wäre dem aber so, dann hätten uns die Spuren in eine ganz gehörige Sackgasse geführt. Wir werden wohl die gefundenen Spuren tiefer zu betrachten haben. Nun denn: Das umfassende Vergeben der Schuld meint mehr als ein oberflächliches Verzeihen. Es meint zum einen wohl die Haltung der Bergpredigt: „Wenn dich einer auf die rechte Wange schlägt, dann halt ihm auch die andere hin"[75]. Darüber hinaus meint es aber auch die Sorge um und den Einsatz für das Erlassen weltweiter Verschuldung, den Verzicht auf Ausbeutung und Sklaverei usw. Solches, denke ich, gelingt nicht ohne die radikale Offenheit für die Gnade und den Willen Gottes.

Aus der Tiefe heraus leben

Sodann meint der Verzicht auf jegliche Regung des Willens in der kontemplativen Übung gerade nicht, den eigenen, freien Willen aufzuheben, sondern ihn, wie gesagt, zu reinigen und zu stärken. Der freie Wille soll so gestärkt werden, dass er im Alltag den Menschen auch dort vor dem Mitwirken mit dem Bösen bewahrt, wo es ihm ans Leben geht. Der freie Wille des Kontemplativen soll so gestärkt werden, dass er sich auch gegen eine Übermacht des Bösen behaupten kann.

---

[74] Mt 6,9ff
[75] Mt 5,39

Das Gedächtnis soll so gereinigt und vertieft werden, dass der Kontemplative entgegen einem Übermass an Oberflächlichkeit, das ihn umgibt, aus der Tiefe und Festigkeit heraus lebt und nicht vom Strom der oberflächlichen Vergnügen weggeschwemmt wird, mehr gelebt wird als selber zu leben, mehr Kopie als Original ist, von jeder Mode fremdbestimmt und im Luftzug der Zeit wie eine Wetterfahne flatternd.

Das Wissen, das am Glauben vorbei gewusst wird, mag ein Tatsachenwissen sein; ein Wissen um die Wahrheit ist es nicht. Während die Wahrheit frei macht,[76] bläht das Tatsachenwissen auf, wenn es nicht im Dienst an den Mitgeschöpfen steht. Im menschlichen Miteinander ist es wohltuend, wenn man gelernt hat, seinen Willen zugunsten der Freiheit des anderen im Zügel zu halten, wenn man das Gemüt von Vorurteilen und Schablonen befreit hat und das Wissen ohne Hintergedanken und Aufschneiderei gebrauchen kann. Durch solcherlei Verzicht, den man in der Kontemplation einübt, fällt die Last in der Beziehung zu den Mitgeschöpfen, vorab den Mitmenschen, von einem ab. Darin zeigt sich, dass der kontemplative Rückzug in die Beziehung zu Gott, die mitmenschlichen Beziehungen nicht nur nicht beeinträchtigt, sondern diese stärkt und vertieft.

Erwachen in Gott

Das Verlassen der Welt in der kontemplativen Übung, das Ausblenden aller Geschöpfe, inklusive der Mitmenschen, das völlige Leerwerden vor Gott, ja sogar der Verzicht „Gottes" vor Gott, um so gleichsam den seelische Nullpunkt zu erreichen, hat den Sinn, das alles von und in Gott zurück zu erhalten, es sich schenken zu lassen ohne es an sich zu reissen, in absoluter Passivität die absolute Macht Gottes zu erfahren und ihn anzubeten. Es ist Tod und Auferstehung im eigenen Herzen. Wer so sich selbst entschläft, erwacht in der Welt Gottes. Dann ist die Welt nicht mehr Welt, sondern Schöpfung, der Mitmensch nicht mehr Konkurrent, sondern „Fleisch von meinem Fleisch",[77] die ganze Welt und Umwelt ein Prozess des Sterbens und Erwachens, eine

[76] Joh 8,32

[77] Gen 2,23

universale Taufe, eine Explosion der Liebe erfahren in der Zeitlupe von ein paar Jahrzehnten, ein in ein Menschenleben ausgezogener Augenblick.

Der zweite Petrusbrief schreibt: „Das eine aber dürft ihr nicht übersehen: dass beim Herrn ein Tag wie tausend Jahre und tausend Jahre wie ein Tag sind".[78] Und der Psalm 90 betet: „Unser Leben währt siebzig Jahre, und wenn es hoch kommt, sind es achtzig. Das Beste daran ist nur Mühsal und Beschwer, rasch geht es vorbei, wir fliegen dahin".[79] In dieser biblischen Optik dauert ein 80 Jahre währendes Leben ein paar Sekunden. Es ist ein Gleichnis und als solches verglichen mit der unendlichen Realität unendlich untertrieben. Immerhin kann es uns eine kleine Ahnung davon geben, was mit der Explosion der Liebe, erfahren in Zeitlupe, gemeint ist. Wir leben unser Leben in Zeitlupe und je älter wir werden, desto mehr wird uns dieses Zeitlupenhafte unserer Lebenszeit bewusst.

Die Potenzierung von Glück und Zeit

Unser Leben ist ein kurzer Schöpfungsprozess, der, kraft der Sünde, in furchtbarer Schwere und Dunkelheit erfahren wird, „Flutendes Licht der Gottheit" (Mechthild von Magdeburg), durch die Sünde in Giftgas verwandelt, das die Schöpfung niederstreckt. So wird es erfahren. Die Sünde sabotiert die menschliche Erfahrung und verletzt sie im Masse der Schwere der eigenen Sünde. Das will besagen: Jede Sünde, und sei sie noch so klein, verblendet uns im Masse ihrer Grösse.

Der quantitative Zeitunterschied, wie er oben erwähnt ist, ist ein Gleichnis, eine Analogie, für den qualitativen Unterschied von der jetzt und so erfahrbaren Welt zur erlösten und gewandelten Welt Gottes, zur endgültig erlösten Schöpfung. Wenn Jesus betet: „Vater, die Stunde ist da. Verherrliche deinen Sohn, damit der Sohn dich verherrlicht",[80] dann ist der Durchgang durch Kreuz und Tod gemeint; der Tod als Eingang in die Herrlichkeit, in die Potenzierung irdischer

---

[78] 2 Petr 3,8
[79] Ps 90,10

[80] Joh 17,1

Glückserfahrung, ähnlich der qualitativen Potenzierung irdischer Zeit in unendliche.

Warum muss alles wachsen und sich wandeln?

Das ergibt die Frage, warum uns Gott nicht auf direktem Wege in diese Herrlichkeit des Himmels hinein erschafft. Die Frage ist gleich der anderen Frage, warum die Blumen aus dem Boden herauswachsen müssen. Ginge es nicht anders, dass also die Blumen da sind ohne gewachsen zu sein und ohne je zu verwelken? Das ginge wohl. Nur wären es dann keine lebenden Blumen mehr, sondern künstliche. Analog wäre das beim Menschen. Ohne zu wachsen und sich zu wandeln wäre er eine leblose Marionette. Aber der Gott des Lebens, der Schöpfer aller Dinge, schafft Lebendes. Dem ist so, weil er selber keine starre, unbewegliche unbewusst dahin fliessende „höhere Macht" ist, sondern Gott, der in Ewigkeit im vollkommenen, vollen, intensiven, überschäumenden Leben lebt. Die Welt, die wir hier und jetzt erfahren, ist die Welt, die im Werden ist, eine Werdewelt, die Schöpfung im Akt der Erschaffung.

Wir leben im Biotop des Werdens, bestimmt zum eigentlichen Leben in der Ewigkeit. Oder deutlicher: Wir gehen dem Leben entgegen. Was wir hier und jetzt tun und erfahren, ist im Vergleich zum endgültigen Leben ein Vegetieren.

Ein vertiefter Blick

Was hat es mit dem Menschen in diesem Biotop namens Erde auf sich? Was ist der Sinn seines Daseins? Der Sinn, zunächst einmal festgehalten, liegt sicher einmal dort, wo die Frage nach dem Sinn aufhört, sich zu stellen. Dort ist Sinn, wo man sich rundum befriedet fühlt, wo man ohne Denken und Wollen hin und weg ist, wo man gleichsam ganz Genuss ist, wo echt alles in einem zur Ruhe gekommen ist. Das ist nicht die Ruhe des Schlafes, sondern die Ruhe des Hellwachseins. Das ist, als würde man nicht mehr von einer Quelle gespeist, sondern selbst diese Quelle sein. In der Quelle ganz Quelle geworden, das ist Sinn.

Vom Sinn des Daseins

Betrachtet man diese rätselhaften Worte genauer, dann zeigt sich zumindest ein Sechsfaches: Erstens ist der Sinn mehr Sache des Gemüts als Sache von Verstand, Wille und Gedächtnis. Man will nichts, man denkt nichts, erinnert nichts und erwartet nichts. Man will nur sein. Es ist, als wären die drei Seelenkräfte aufgehoben. Man ist ganz bei sich, in sich geborgen und eben darin, zweitens, ganz von sich weg auf etwas oder jemand anderes gerichtet. Sinn ist ein von sich weg Gerichtetes, mithin Eros. Sinn ereignet sich, drittens, im Dasein mit und für jemanden. Liebende fragen sich nicht: Welchen Sinn hat es, miteinander einfach so da zu sein? Viertens aber dauern solche Momente hier und jetzt nur kurz und werden, selbst wenn sie lange anhalten sollten, als kurz empfunden. Sinn ist also, fünftens, kurzweilig. Wer Kurzweil sucht, sucht Sinn. Und der Mensch ist auf Sinn angelegt, was man daraus ersieht, dass das Fehlen von Sinn als Schmerz erfahren wird. Diesen Sinn, sechstens, macht der Mensch nicht selbst. Es ist nicht wahr, dass eine Situation so viel Sinn macht, als der Mensch in sie hineinlegt. Der Mensch findet Sinn wie etwa ein Perlensucher eine kostbare Perle nicht macht, sondern findet.[81] Sinn liegt in der ganzen Schöpfung; und wo man ihn nicht wahrnimmt, liegt man irgendwie falsch.

---

[81] Vgl. Mt 13,45

Gott ist wie Feuer

Dies sei vorausgesetzt, wenn im Folgenden der Blick auf die Landkarte der Kontemplation vertieft werden soll. Im letzten und reifsten Werk[82] des hl. Johannes vom Kreuz, der „Lebendigen Liebesflamme“, lautet die erste Strophe: O Flamme von Liebe lebendig, die du zärtlich verwundest meine Seele in tiefster Mitte! Da du nicht mehr quälend bist, komm schon ans End‘, wenn’s dir gefällt, zerreiss den Schleier zur süssen Begegnung!

Die Beziehung zu Gott bezeichnet der hl. Johannes vom Kreuz unter anderem mit der Beziehung zum Feuer. Gott ist so etwas wie Feuer, das einzige Feuer, das es in Himmel oder Hölle überhaupt gibt, das Feuer der Liebe. „Denn“, so schreibt er, „man muss wissen, dass das Liebesfeuer, das sich nachher mit der Menschenseele eint und sie dadurch verherrlicht, dasselbe ist, das sie vorher anfällt und dadurch läutert“.[83] Des Menschen Himmel oder Hölle hängt daran, wie er auf dieses göttliche Feuer reagiert. Die Quelle, mit der wir es im innersten Innen zu tun haben, ist Feuer. Es ist das Feuer, von dem Paulus, wie bereits erwähnt, im ersten Brief an die Korinther schreibt, dass der Mensch „wie durch Feuer hindurch“[84] gerettet werde. Von der gleichen Quelle spricht Christus dieses: „Wer von dem Wasser trinkt, das ich ihm geben werde, wird niemals mehr Durst haben; vielmehr wird das Wasser, das ich ihm gebe, in ihm zur sprudelnden Quelle werden, deren Wasser ewiges Leben schenkt“.[85]

Was nun? Feuer oder Wasser? Feuer-Wasser, in dem ein Wurm ist, der nicht stirbt[86], was Heulen und Zähneknirschen[87] verursacht und äusserste Finsternis[88] ist? Johannes vom Kreuz sagt dazu gleichsam: Du musst ganz Feuer werden. Du bist ein Holzscheit, das vom Feuer zuerst ausgetrocknet wird, dann ganz aufgezehrt wird bis nur noch ein Häufchen Asche zurückbleibt.[89]

---

[82] Elisabeth Peeters OCD in: Einführung in „die lebendige Liebesflamme“ von Johannes vom Kreuz, Herder Spektrum 2000, S. 11
[83] Die lebendige Liebesflamme, 1,21
[84] 1 Kor 3,15
[85] Joh 4,14
[86] Mt 25,30
[87] Mk 9,48
[88] Mt 8,12
[89] Vgl. „Die lebendige Liebesflamme“ 1,4

„Gedenke; Mensch, dass du Staub bist und zu Staub zurückkehren wirst“, wird dem Glaubenden am Aschermittwoch auf den Kopf zugesagt.

Liebe werden

Es zeigt sich: Unsere Landkarte zur Kontemplation liefert uns eine massive Bildsprache. Bilder, die sich gegenseitig aufheben müssten. Es sind allesamt Bilder von angenommener oder abgelehnter Liebe. Die Liebe verwandelt den Liebenden in reine Liebe. Du sollst also nicht lieben, sondern Liebe werden, wollen sie uns sagen. Und dieser Prozess des Werdens der Liebe ist ein Umwandlungsprozess wie durch Feuer hindurch. Von diesem Liebesfeuer schreibt Johannes vom Kreuz, dass es quälend war, die Seele bis in die tiefste Mitte verwundete, doch nun, nach einem längeren und schmerzhaften Prozess nicht mehr quält, sondern im Gegenteil eine entflammte Liebe ist, den Menschen so nahe an Gott bringt, dass er nur noch wie durch einen zarten Schleier von ihm getrennt ist und in Sehnsucht nach der Begegnung mit ihm bittet: Zerreiss den Schleier zur süssen Begegnung.

Überwindungen

So seltsam es klingen mag: Die Wurzel alles Bösen ist etwas wesenhaft Gutes, das freilich pervertiert wird. Es ist die Offenheit des Menschen auf das Unendliche, das ist die Offenheit auf Gott hin. Aus dieser Offenheit auf das Unendliche kommt die Unersättlichkeit des Menschen, und aus dieser, wenn sie sich nicht für Gott offenhält, die Gier nach allem Möglichen und Unmöglichen. Da nichts, das weniger als Gott ist, die menschliche Unersättlichkeit stillen kann, treibt das Verlangen nach Sättigung den Menschen, der nicht willig ist, sich für die Sättigung durch Gott bereit zu halten, wie ein wildes Tier von Beute zu Beute, gierig auf der Suche nach Lust, süchtig nach Dingen, Beschäftigungen oder Menschen, alles und jedes zum Objekt seiner Sucht machend. Da aber die zum Objekt gemachten Dinge widerständig sind, sinkt der Mensch in die Resignation ab, an deren Ende nie nackte Verzweiflung steht. Der Mensch kann ein ganzes Leben lang zwischen Lust und Resignation, in Oberflächlichkeit und Zerstreuung zubringen ohne zu merken, dass er in der Gefahr, wenn nicht schon im Zustand, der Orientierungs- und Haltlosigkeit ist. Die fundamentale Heimatlosigkeit und Unerfülltheit gebiert im Herzen das, was Jesus Christus so beschreibt: „Aus dem Herzen kommen böse Gedanken, Mord, Ehebruch, Unzucht, Diebstahl, falsche Zeugenaussagen und Verleumdungen. Das ist es, was den Menschen unrein macht."[90]

Nun kann und soll man gegen solche Neigungen und Gefahren ankämpfen, sie

bis ins Herz hinein überwinden wollen, doch in die letzte Tiefe, dort, wo noch vor allem Bewusstsein und unterhalb des Unbewussten, der Lebensstrom Gottes einfliesst, dorthin kann niemand gelangen, auch nicht der je Einzelne bei sich selbst. Und doch ist gerade das der „Ort", von dem her Heil und Heiligung kommt. Der göttliche Feuerstrom der Liebe wird, wo man ihm zustimmt, das Böse in der Wurzel ausbrennen. Die Bedingung ist lediglich die totale Offenheit, die in der kontemplativen Übung angestrebt wird. Wer also da ist vor Gott in totalem Schweigen, das Denken, Fühlen und Wollen völlig unbeachtet lässt, sich, während der kontemplativen Übung weder um den Mitmenschen, noch um sich selbst, noch um die Welt und Gott kümmert, der hat die Offenheit, die hier gemeint ist, und in der Gott unbehindert wirken kann.

In der Weite des Geistes bleiben

Es kann sein, dass einem die totale Passivität im Dasein vor Gott ungeheuerlich vorkommt. Dazu sagt der Verfasser der Wolke kurz und bündig: „Kümmere dich nicht darum, sondern fahre fort in diesem ‚Nichtstun', einzig aus Liebe zu Gott".[91]

Ebenso deutlich schreibt es der hl. Johannes vom Kreuz: „Auch wenn noch so viele Skrupel kommen sollten, dass man seine Zeit verliert oder besser etwas anderes tun sollte, weil man im Gebet nichts tun und nichts denken kann, dann

---

[90] Mt 15,19f
[91] Kapitel 68: Ausblendung der äusseren Welt

soll man das aushalten und ruhig bleiben, da es jetzt um nichts anderes geht, als die Gemütsruhe zu wahren und in der Weite des Geistes zu bleiben. Wenn der Mensch nämlich von sich aus mit seinen inneren Seelenvermögen etwas wirken wollte, hiesse dies, die Güter zu stören und zu verlieren, die Gott mit Hilfe dieses Friedens und des Untätigseins der Seele gerade in ihm festigt und ihm eindrückt ... Darum soll ein solcher Mensch sich nichts daraus machen, dass er das Wirken mit seinen Seelenvermögen verliert ... Er schaffe Raum, dass er im Geist der Liebe, die diese dunkle und geheime Kontemplation mit sich bringt und die dem Menschen anhaftet, entbrenne und sich entflamme. Kontemplation ist ja nichts anderes als ein geheimes, friedliches und liebendes Einströmen Gottes, so dass er, wenn man ihm Raum gibt, den Menschen im Geist der Liebe entflammt“.

Die passive Nacht der Sinne und des Geistes

Dieses nennen Johannes vom Kreuz, Edith Stein u.a. die passive Nacht der Sinne und des Geistes, die man allerdings, meine ich, nicht in dem Sinne aufteilen kann, dass man sie als zwei Stufen des einen Prozesses ansieht, so, als müsse zunächst die Nacht der Sinne und dann erst die Nacht des Geistes durchgestanden sein. Beim Menschen gibt es nichts Sinnliches ohne Geist und nichts Geistiges ohne Sinne. Diese passive Nacht wird immer auch von der aktiven Nacht begleitet sein; und diese besteht in der aktiven und schmerzhaften Anstrengung, das Böse im eigenen Herzen durch das Gute zu überwinden. Nacht kann man dies deswegen nennen, weil es als Trübung des Lebensglücks empfunden wird im Sinne von: es wäre schön ohne dieses lästige Zeug, das mich am Guten hindert, leben zu können. Und eben dieses, das am Guten hindert und auszubrennen ist, gilt es nun kurz zu betrachten.

„Wurzelsünden"

Besteht das Leben des Menschen aus Hingabe und Empfangen, wobei die Beziehung zu Gott reine Hingabe und reines Empfangen sein soll, Hingabe ohne Sucht nach Erfahrung, Empfangen ohne Habsucht und Aufblähung, dann spiegelt sich dieses in der Kontemplation einzuübende Verhalten auch den Geschöpfen, zumal dem Mitmenschen gegenüber. In der Beziehung gesunder, erwachsener und vernünftiger Menschen hält sich Hingabe und Empfangen einigermassen im Gleichgewicht, insofern es ein gegenseitiges Hingeben und Empfangen ist.

Das menschliche Versagen im Menschsein führt von der Störung dieses Gleichgewichts her; das eigentlich menschlich Böse ist ein ganz bewusstes Ausschalten eben dieses Gleichgewichts zuungunsten des anderen. Freilich kann dieses Gleichgewicht auch gesundermassen asymmetrisch sein, etwa in der Eltern-Kind-Beziehung, in der Krankenpflege, der Sozialfürsorge, dem Heimatlosen gegenüber usw. Echte Mitmenschlichkeit ist dann ein geschenktes Gleichgewicht. Man begegnet, zum Beispiel, auch dem Fremden auf gleicher Augenhöhe.

Von Hochmut und Demut

Das, was man als „Wurzelsünden" bezeichnen kann, besteht in einer Art trotziger Verweigerung des Gleichgewichts von Hingabe und Empfangen, respektive, man kann sie unter diesem Aspekt betrachten. Der Hochmut, zum Beispiel, ist die Verweigerung von Empfangen und Hingabe. Ich brauche nichts zu empfangen, sagt der Hochmut, weder von Gott noch vom Menschen. Ich schwebe hoch über dem Durchschnitt. Wenn ich mit jemandem verkehre, dann nicht in der Form von Hingabe, sondern von meinem Standpunkt aus, das heisst, von oben herab.

Da der Hochmütige sich selbst in den Mittelpunkt stellt und das Gefühl hat, als stünde ihm die ganze Welt zu Diensten, als habe er dazu ein Recht das ihm, und gerade ihm im besonderen, mit der Geburt zugefallen sei, ist das Gegenteil davon, die Demut, das Wissen, eben gerade dieser Mittelpunkt nicht zu sein und entsprechend nicht das Recht zum Leben, sondern das Leben als

Geschenk erhalten zu haben. Während die Sache im ersten Falle so aussieht, als hätte man das Leben und dazu noch das Recht, zu leben, so dass das eine auch vom anderen getrennt werden könnte und man also um dieses Recht zu kämpfen habe, gibt es diese Trennung im Leben als Geschenk nicht. Das Leben als solches ist Geschenk und bleibt es in Ewigkeit.

Geschenke sind nicht etwas, das einem zusteht. Ausserdem trägt jedes Geschenk die Botschaft der Anerkennung in sich. Das Geschenk hat einen Schenkenden und einen Beschenkten. Und Demut meint nun, eben diese Gegebenheit dankbar anzuerkennen. Damit meint Demut auch, das Geschenk, das man ist, als etwas höchst Wertvolles vom unendlich grossen und liebenden Gott Erhaltenes anzusehen. Das gibt, aus dem Glauben an den Schöpfer-Vater heraus, das gesunde und starke Selbstwertgefühl. Damit ist jede Unterwürfigkeit anderen Geschöpfen gegenüber, auch gegenüber den Mitmenschen und gegenüber den eigenen Trieben und Begehrlichkeiten, ausgeschlossen. Das gilt auch und besonders im geistlichen Bereich.

„Bildest du dir in Gedanken viel auf dein Ansehen, dein Wissen, deine Berufung, deinen Stand, deine Talente und dein Aussehen ein, ist das die Sünde des Hochmuts," schreibt der Verfasser der Wolke.[92]

„Wer mich gesehen hat, hat den Vater gesehen"

Es versteht sich von selbst, dass die Kontemplation das tägliche Bemühen um die echt christliche Haltung, wie sie uns in der Bergpredigt[93] entgegenkommt, nicht ersetzt, sondern im Gegenteil sie von innen her trägt. Angesichts der Worte Jesu Christi: „Wer mich gesehen hat, hat den Vater gesehen. Wie kannst du sagen: Zeig uns den Vater? Glaubst du nicht, dass ich im Vater bin und dass der Vater in mir ist? Die Worte, die ich zu euch sage, habe ich nicht aus mir selbst. Der Vater, der in mir bleibt, vollbringt seine Werke",[94] lässt sich die Unterscheidung zwischen einem alttestamentlich unerbittlich strengem „Rachegott" und dem guten und barmherzigen Erlöser Jesus Christus, nicht

---

[92] 10. Kapitel: Unterscheidung der Sünde

[93] Mt 5

[94] Joh 14,9f

halten. Gott, der Schöpfer von allem, was ist, hat sich in Christus endgültig offenbart. Eine andere Offenbarung, aber auch eine andere Wahrheit, kann es nicht geben.

Jesus Christus war mit Gott, seinem Vater, in der Art verbunden, wie es in der kontemplativen Übung angestrebt wird, so lässt sich aus seinem Wort, was er sage, habe er nicht aus sich selbst, schliessen. Dann gilt auch für die Christen das Wort Gottes: „Höre, Israel! Jahwe, unser Gott, Jahwe ist einzig. Darum sollst du den Herrn, deinen Gott, lieben mit ganzem Herzen, mit ganzer Seele und mit ganzer Kraft. Diese Worte, auf die ich dich heute verpflichte, sollen auf deinem Herzen geschrieben stehen. Du sollst sie deinen Söhnen wiederholen. Du sollst von ihnen reden, wenn du zu Hause sitzt und wenn du auf der Straße gehst, wenn du dich schlafen legst und wenn du aufstehst".[95] Damit ist auch gesagt, dass es nichts und niemand geben darf, der einen aus der Sphäre Gottes herausführen könnte. Es gibt für den Menschen nur eine endgültig mögliche Erfüllung; und die heisst dreifaltiger Gott. „Lass dich vom einmal eingeschlagenen Weg nicht abbringen", rät der Verfasser der Wolke seinem jungen Schüler, „schau voraus, kümmere dich nicht um gestern".

Bin ich hochmütig?

Eines ist jetzt entscheidend: Willst du vorankommen, musst du eine ganze, tiefe

Sehnsucht nach Gott in dir nähren. Seine Liebe ist eifersüchtig. Er wirkt in dir und duldet niemand neben sich."[96] Den Blick von sich selber wegwendend auf den über alle Masse erhabenen und unendlich zärtlich im Innersten anwesenden Schöpfergott, sich selbst mit der ganzen Sündhaftigkeit und Schwäche vergessend, anbetend und staunend, dass man selber in der Schöpfung Gottes anwesend ist, das ist Demut. Wer das als Demütigung empfindet, hätte gerade im Nachdenken über diese angebliche Demütigung ein gutes Instrument, der Frage, warum das so ist nachgehend, seinen Widerstand zu analysieren, den eigenen Hochmut zu entdecken und dazu Stellung zu nehmen.

---

[95] Dtn 6,4-7; vgl. Mk 12,29f

[96] 2. Kapitel: Ungeteilte Aufmerksamkeit

Das Wort von innen und das Wort von aussen

Das demütige Hören auf das Wort Gottes, hört man selber nicht, genauso wenig wie man das Sehen sieht; und die Stimme Gottes ist nicht so, dass man sie mit den Sinnen oder mit irgendwelchen seltsamen inneren Ohren hörte, was man jedoch wahrnehmen kann, ist die Antwort des eigenen Herzens auf dieses Hören, etwa so, wie es die Emmausjünger mit den Worten: „Brannte uns nicht das Herz in der Brust, als er mit uns redete?“[97] beschrieben hatten. Diese Art des „hörenden Herzens“[98] ist nun freilich ein Fühlen, das man sich selbst und anderen in Worten und Bildern zum Ausdruck bringen muss, soll es irgendwie verstanden werden. Und dieser Übersetzungsprozess von gefühltem Impuls in hörbare Worte und Bilder ist ein riskanter und unsicherer Prozess. Eben weil sich in diesen Übersetzungsprozess Irrtümer gröbster Art, eigene Phantasien, Gedanken bis zu Wahnideen, Meinungen bis hin zum Fanatismus einschleichen können, eben darum bedarf es der Worte Gottes von aussen, des Hörens auf das Evangelium wie es die Kirche vermittelt, des Lehramtes und der unumstösslichen Dogmen. Die Kirche als ganze, die im Petrusamt kulminiert, ist in dem, was das Heil des Menschen belangt, kraft des Wirkens des Heiligen Geistes, unfehlbar. Das Wort von innen und jenes von aussen müssen sich aneinander ankoppeln. Dann geschieht Wahrheit im Herzen. Das ergibt ein befreiendes, freudiges Gefühl; das Gefühl, das entsteht, wenn jemand einem „aus dem Herzen“ spricht. Der Glaube lebt von Wort und Antwort, Ruf und Echo, Empfang und Hingabe.

---

[97] Lk 24,32
[98] 1 Kön 3,9

Das gereinigte Herz

„Darum sage ich euch: Wenn eure Gerechtigkeit nicht weit größer ist als die der Schriftgelehrten und der Pharisäer, werdet ihr nicht in das Himmelreich kommen. Ihr habt gehört, dass zu den Alten gesagt worden ist: Du sollst nicht töten; wer aber jemand tötet, soll dem Gericht verfallen sein. Ich aber sage euch: Jeder, der seinem Bruder auch nur zürnt, soll dem Gericht verfallen sein; und wer zu seinem Bruder sagt: Du Dummkopf! soll dem Spruch des Hohen Rates verfallen sein; wer aber zu ihm sagt: Du gottloser Narr! soll dem Feuer der Hölle verfallen sein“.[99]

Übung der Liebe

Beim Hören solcher Worte Jesu denkt man sich, so etwas sei in dieser Radikalität nicht realistisch, weil das bedeuten würde, dass man bis in die tiefsten Wurzeln des Herzens hinein gelangen müsste, dorthin, wo man von aussen her nicht hin gelangt. Das stimmt wohl und weist eben darauf hin, dass der Impuls der Reinigung des Herzens von innen kommen muss, dass mithin das geschehen muss, zu dem der kontemplativ Übende sich Gott hinhält. Ist die kontemplative Übung das Hinhalten des Herzens zu Gott hin, damit es gereinigt werde, dann ist die kontemplative Haltung, die daraus folgt und im tätigen Alltag verwirklicht werden will, das Verhalten, den Mitgeschöpfen mit gereinigtem Herzen zu begegnen. Was die gelingenden Beziehungen zum anderen belastet, jedes negative Vorurteil, jeder lieblose Hintergedanke, Neid, Eifersucht, Ablehnung, jede Lieblosigkeit überhaupt wird in der kontemplativen Übung in einem zugegebenermassen schmerzlichen Prozess ausgebrannt. „Du musst lernen“, rät der Verfasser der Wolke, „dich selbst vom unbedeutendsten Gedanken, der dir schaden könnte, zu trennen. Wer nicht über seine Gedanken wacht und sie unter Kontrolle hält, auch wenn sie anfangs nicht sündhaft sind, der wird langsam nachlässig in kleinen Vergehen“. Die kontemplative Übung nennt er „Übung der Liebe“ und sagt dazu: „Weigere dich, an etwas zu denken, was geringer ist als Gott, und lass dich durch nichts ablenken. Denn die Übung

---

[99] Mt 5,20-22

der Liebe wird letztlich alle Wurzeln des Bösen in dir entfernen. Diese Übung der Liebe reisst nicht nur die Wurzeln des Bösen aus, sie gibt auch Kraft zur Nächstenliebe."[100]

Das Fegfeuer im hier und jetzt

Das Einüben der kontemplativen Haltung im Alltag und die kontemplative Übung bedingen sich gegenseitig und bilden einen „hermeneutischen Zirkel". Der Ansatz der Kontemplation liegt in der Tiefe der Seele. Hier geht es nicht um die Frage, wie die guten und frommen Gedanken vom Kopf ins Herz gelangen, sondern umgekehrt, wie die göttlichen Impulse der Gnade vom Herzen ins menschliche Verhalten aufsteigen können. Und eben dieser Aufstieg ist alles andere als ein schmerzloser Prozess, sondern das Wirken des Reinigungsfeuers, dessen also, was man Fegfeuer nennt, hier und jetzt durchlitten.

„In diesem Leben ist die Umgestaltung niemals frei vom Schmerz, selbst auf der höchsten Stufe der Liebe nicht. Der Schmerz entsteht aus dem heftigen Verlangen nach der beseligenden Umgestaltung. Gott und die Seele sollen zwei in einem Fleisch sein.", so Edith Stein.[101]

Wegzeichen

Viel, ja alles ist „an einer grossen und ganz entschlossenen Entschlossenheit gelegen, um nicht aufzuhören, bis man zur Quelle vorstösst, komme, was da kommen mag", schreibt die heilige Teresa von Avila.[102]

Damit erübrigt sich die Frage, ob und wie weit man in der Kontemplation fortgeschritten ist, ob man vielleicht sogar, wie ein Gefühl einem unterstellen könnte, am Ort tritt und keinen Schritt vorwärts kommt, ob man gar Rückschritte

[100] Kapitel 11 und 12: Zucht der Gedanken; Kontemplation tilgt die Neigung zum Bösen

[101] aaO. S. 226

[102] Teresa von Avila, Weg der Vollkommenheit, Herder spektrum, 2003, S. 198

macht, liegen bleibt, nicht mehr mitkommt, den „Bettel hinschmeissen“ sollte usw. „Komme, was da kommen mag“ bedeutet, mit all dem zu rechnen und sich davon nicht sonderlich beeindrucken zu lassen. Die Mystiker haben immer auch Einteilungen auf dem Weg der Kontemplation beschrieben, Stationen auf diesem Gang, Spuren der Fährte um anderen Mut zu machen, sie zum Durchhalten zu ermuntern und ihnen Wegbegleitung zu geben.

Der Dreischritt

Berühmt geworden und oft wiederholt worden ist die Einteilung in den Dreischritt: Reinigung, Erleuchtung und Einigung. Dabei kann leicht übersehen werden, dass dieser Dreischritt nicht so sehr ein zeitliches Nacheinander ist, sondern Aspekte des einen Geschehens sind. Daneben gibt es zahlreiche andere Beschreibungen, etwa: Anfänger, Fortgeschrittene, Vollendete; Wege des Aufstiegs zum Berg Karmel, Pilgerreise zu Gott, Jakobsleiter, Wohnungen der inneren Burg usw.

Solange diese Wegweisungen Mut machen, erbauen und zum Durchhalten anspornen, sind sie wertvoll und gut. Sie können Orientierung gerade dann geben, wenn man denkt, man ersticke in den Zerstreuungen und an der eigenen Fähigkeit zur Kontemplation zweifelt. Dann ist es gut, zu wissen, dass man mit solchen Erfahrungen nicht allein ist. Doch alle diese Einteilungen sind Betrachtungen von aussen und bezeichnenderweise vielfältig und je anders akzentuiert.

Gott wirkt selbsttätig von innen

Entscheidend ist jedoch, was innen, in der Tiefe der Seele geschieht. Hier nämlich „wirkt Gott selbst“, schreibt der Verfasser der Wolke, „und er wirkt, in wem er wirken will. Niemand kann es sich verdienen. So unverständlich dies auch klingen mag, aber es würde weder einem Menschen noch einem Engel oder Heiligen einfallen, die kontemplative Liebe für sich zu ersehenen, wenn sie nicht schon längst in ihm lebendig wäre.“[103]

---

[103] Kapitel 34: Die Initiative liegt bei Gott

Insofern die kontemplative Übung die Hingabe an Gott, mithin auch die Hingabe zur Reinigung der menschlichen Beziehungen durch ihn ist, wird eben durch diese Hingabe allein an Gott auch das Motiv dazu gereinigt. Dann wird alles Selbstbezogene aus dieser Motivation ausgebrannt. Alles, was allenfalls Nebenerscheinungen der kontemplativen Übung sein kann, Gesundheit, Wohlbefinden, geistliche Freude, Frömmigkeit, körperliche und geistige Erholung, Kraft sammeln, alles das, was man medizinisch an Vorteilhaftem messen und an der kontemplativen Haltung sehen und schätzen kann, alles das wird, je intensiver der Mensch seiner innersten Lebensquelle näher kommt, aus der Motivation getilgt.

Das will besagen, dass das Motiv zur kontemplativen Übung einzig und allein darin besteht, im Tagesablauf regelmässig in jenem innersten Kämmerchen, das abzuschliessen ist,[104] eine gewisse Zeit einzig und allein mit Gott und für ihn zu verbringen. „Gib deshalb nicht auf", mahnt der Verfasser der Wolke, „Mache dir auch keine übermässige Sorge, wenn du nicht immer Erfolg hast."[105] Man schenkt Gott etwas von der Zeit, die man von ihm mit jedem Herzschlag und jedem Atemzug, Sekunde für Sekunde erhält, zurück. Es ist die Haltung eines Kindes, das mit dem Geld, das ihm seine Eltern schenken, auch etwas für seine Eltern kauft. Es denkt nicht daran, selbstsüchtig alles für sich selbst zu gebrauchen, denkend, die Eltern hätten ja genug Geld, sich selber zu kaufen, was sie sich wünschen.

Dasein für Gott

„Um der zeitlichen Wirkung willen soll man an den übernatürlichen Werken kein Wohlgefallen haben, denn sie sind kein Mittel zur Vereinigung mit Gott. Gott wird umso mehr erhöht, je mehr man ihm vertraut und ohne Zeichen und Wunder dient. ... Darum wäre es töricht, wenn es einem an Süssigkeit und geistigem Ergötzen fehlt, zu denken, dass einem Gott fehle oder wenn man solchen Genuss verspürt, dass man darum im Besitz Gottes sei", so Edith

[104] Mt 6,6
[105] Kapitel 33: Durchhalten

Stein.[106] Das Dasein für Gott in der Zeit der Übung ist ein willentliches Entblössen des Willens, eine aus Hingabe an Gott vollzogene Selbstenteignung ohne irgendwelche Vorgabe an Gott, ohne Wünsche, ohne Erwartungen, nicht die Güte Gottes suchend, sondern ihn selber, den Unsichtbaren, Unerkennbaren, scheinbar Abwesenden. Das mag den Anschein des Selbstverlustes haben, oder, wie Edit Stein schreibt: „Es wird nur das Sterben des sinnlichen Menschen gespürt und nicht der Anbruch eines neuen Lebens, der sich darunter verbirgt. Es ist nichts anderes zu tun als die Geduld bewahren und im Gebet auszuharren ohne jede Tätigkeit; und jedes übermässige Verlangen, Gott wahrzunehmen und zu kosten, auszuschliessen".[107]

Freigeben

Dinge und Beschäftigungen, Arbeit und Vergnügen, Erinnerungen und Erwartungen kann man loslassen, Gott und die Menschen und sich selber jedoch nicht. Bei letzteren geht es nicht um ein Loslassen, sondern um das Freigeben. Das Freigeben ist mit dem Vertrauen verbunden, den oder die Freigegebenen in der Freigabe nicht nur nicht zu verlieren, sondern sie erst recht zu gewinnen. Das erspart uns freilich die zahlreichen Verluste auf dem Weg durch die Zeit nicht. Und jeder Verlust, und sei er noch so klein, ist mit Trauer verbunden.

Trauern mit Zuversicht

Man solle, schreibt der Verfasser des ersten Thessalonicherbriefes, nicht trauern wie die anderen, die keine Hoffnung haben.[108] Die anderen, das sind die Heiden. Trauer bringt uns zunächst einmal in Kontakt mit dem Heidnischen im eigenen Herzen. Die Heide ist das Barbarische, Ungezähmte, unkultiviert Wilde, das, dem man oftmals zu Unrecht kein Recht einräumen will. Die Heide ist nämlich auch das Archaische, Ungestüme, Kräftige und leben Wollende, das

---

[106] aaO. S. 75
[107] aaO. S. 43

[108] 1 Thess 4,13

ungenutzte Potential, wartend auf den Durchbruch ins volle Dasein. Heide ist das unersättlich Suchende, das ungestüm Begehrende, das urwüchsige Verlangen nach Leben in Fülle – und das ist urwüchsig gut.

Wir sollen also, so meine ich, lässt sich die Stelle im Thessalonicherbrief auch verstehen, trauern als jemand, der die Zuversicht hat, dass dieses Heidnische im eigenen Herzen trotz allem Zukunft hat. Wer dieses Urwüchsig-Heidnische umklammert und festhalten will, wird mit Schmerzen erfahren, dass es sich hier und jetzt kraft seiner Unersättlichkeit nicht festhalten lässt. Wollte man das unbeirrt nach vorwärts drängende Leben im Zeitlichen fixieren, würde man es verlieren. Man kann es nicht festhalten. Doch gerade das Festhalten-wollen ist es, was die Verlustangst und die Trauer ausmacht.

Das Leben verlieren, um es zu gewinnen

Indes: Alles Leben hat Zukunft. Darum ist es so zu leben, dass es in seiner natürlichen Dynamik auf Vollendung hin nicht gehemmt oder gar unterbunden wird. Wer es festhalten will, blockiert es in neurotischer Fixierung, sei es auf Kindheit, sei es auf „ewige Jugend“ hin. Das ist die erste Hälfte des Wortes Jesu: „Wer sein Leben retten will, wird es verlieren“.

Entscheidender noch ist die zweite Hälfte eben dieses Wortes Jesu: „Wer aber sein Leben um meinetwillen und um des Evangeliums willen verliert, wird es gewinnen“.[109] Erst auf diesem Hintergrund macht es Sinn, das Vorläufige loszulassen und sich selbst und den Mitmenschen freizugeben. Das Loslassen ist dann kein Wegwerfen, das Freigeben kein Abstossen. Es geht im Gegenteil darum, das Urwüchsige und Heidnische in sich selber immer tiefer zu christianisieren, den im Leben mitgeschleppten Ballast in den Beziehungen zu Gott, den Mitgeschöpfen und sich selber in zäher Kleinarbeit abzutragen, sich selber und die Umwelt von der Kraft Gottes zum Leben befreien zu lassen.

---

[109] Mk 8,35f

Der Sinn der Askese

Die Hingabe darf nicht zur Abhängigkeit und Sucht werden, das Empfangen nicht zum Beherrschen und Rauben. Was auszubrennen ist, sind die versklavenden Abhängigkeiten jeder Art, jenes Gestrüpp,[110] das wie Widerhaken das freie Spiel des Lebens hindert, das, was das Aufbrechen der rein irdischen „Lebens-Zwiebel“ blockiert, das, was die Dynamik des vorwärtsdrängenden Lebens in den Eierschalen des eigenen kleinen Daseins zurückbehalten will, alles das muss von der Gnade Gottes aufgebrochen werden. Und dazu soll der Mensch Hand bieten. Das ist der Sinn von Askese, anderes nicht.

Nagende Zweifel

Man mag sich fragen, ob es in Bezug auf mögliche und unausweichliche mitmenschliche Konflikte genügt, gewisse, regelmässig und treu eingehaltene Zeiten im Umgang mit Gott allein zu verbringen. Und indem man sich diese Frage stellt, merkt man plötzlich, dass da ein tiefliegender Zweifel drin steckt, genau jener Zweifel, der vermutlich das grösste Hindernis auf dem Weg in die Quelle des innersten Innen ist, der Zweifel, ob es wirklich so sei, dass, wo der Mensch sich ganz zurücknimmt und nur für Gott da sein will, Gott denn auch da sei, ob man sich auf die Zeugen aus vergangener Zeit wirklich verlassen kann, die da sagen, dass in diesen Zeiten des innerlichen Ausschaltens aller Gedanken, Gefühle, Erinnerungen, Erwartungen, Erkenntnissen, Wünschen, in der Tat Gott „einströme“. Ob es nicht ein fauler Trick sei, angesichts der Tatsache, dass man von diesem Einströmen nichts, aber auch gar nichts bemerkt, ob es nicht eine vertane Zeit ist, die im tätigen Einsatz besser angelegt wäre, ob man denn Gott herbeizwingen könne und überhaupt, ob es

[110] Vgl. Mt 13,7

nicht blauäugig sei, angesichts der enormen Konflikte und Leiden zu denken, mit ein bisschen Herumsitzen trage man zur Lösung irgendwelcher Probleme auch nur einen Deut bei.

Mit dieser Frage dringt man einiges tiefer in die Wolke des Nichtwissens hinein

Treiben wir also die Frage etwas weiter: Sollt man denn glauben können, dass in der Welt gewaltiger Mächte, wo Menschen die Macht haben, andere und meist genau die Schuld- und Wehrlosen fertig zu machen und diese Macht in der Tat auf grausamste Weise ausüben, in einer Welt, in die man mit dem Todesurteil hinein geboren wird, in einer Welt, in der man auch das Allerliebste todsicher verlieren wird, wo der Trennungsschmerz zum Himmel schreit, wo jede noch so gute Tat ein Flickwerk auf einem Flickenteppich namens Leben ist, sollte man also allen Ernstes glauben können, dass in dieser so bejammerten Welt Heil und Erlösung aufbrechen können, nur, weil Gott Mensch geworden und am Kreuz gestorben ist?

Eine Entscheidung auf Leben und Tod

Hier zeigt es sich, dass der Weg der Kontemplation eine knallharte Entscheidung verlangt, eine Entscheidung auf Leben und Tod. „Wer sein Leben retten will, wird es verlieren“ ist kein frommer Spruch für den Abreisskalender an der Wand, sondern ein Stachel ins Fleisch, eine Aufforderung, alles abzuwerfen, was Macht über einen hat und nicht Gott ist.

Macht gebe ich jemandem, wenn ich neidisch, eifersüchtig, missgünstig bin. Macht

gebe ich ab, wenn ich gierig nach etwas oder jemanden bin, wenn ich den Ärger über andere zulasse, wenn ich mich mit Groll innerlich vergifte. Jeder Rachegedanke rächt sich an mir selber. Macht gebe ich anderen durch meine Eitelkeit, meinen Perfektionismus, meine Empfindlichkeit. Mit jeder Sucht entziehe ich mich meiner Macht. Und wer erlöst mich von all dem?

Die grosse Freiheit

Bleibt man beharrlich und treu, aller Widerständen zum Trotz, jeder Versuchung zum Abbrechen widerstehend, alle Wünsche und Erwartungen hinter sich lassend, in der täglichen, kontemplativen Übung, dann geschieht es, dass die Übung immer mehr zur kontemplativen Haltung wird. Das hat verschiedene Nebenwirkungen, die als solche nicht intendiert waren, sich jedoch gleichsam als Zugabe einstellen. Sie erweisen die Zuverlässigkeit des Wortes Jesu: „Euch aber muss es zuerst um sein Reich und um seine Gerechtigkeit gehen; dann wird euch alles andere dazugegeben“.[111]

In der Wolke des Vergessens

Da das Reich Gottes ein anderer Name für Gott selber ist, gilt es, in der Zeit der täglichen Übung alles, aber auch wirklich alles zu vergessen, was nicht Gott ist. Der Verfasser der Wolke gibt dem Übenden denn auch die Anweisung: Du musst „unter dir die Wolke des Vergessens ausbreiten, zwischen dich und allem Geschaffenen. Wenn ich sage: Zwischen dir und allem Geschaffenen, so meine ich damit nicht nur alle Geschöpfe, sondern alles, was irgendwie damit zu tun hat, und zwar ohne jede Ausnahme. Beschäftige dich mit gar nichts, weder mit materiellen noch mit geistigen Dingen. Breite während der Übung der Versunkenheit über alles die Wolke des Vergessens. ... Für deine Vereinigung mit Gott sind alle Dinge, auf die du während dieser Übung zielst, ein Hindernis“[112]

Wird das zur inneren Haltung, so dass es in der Tat in Fleisch und Blut übergegangen ist, dann wird die Vereinigung mit Gott auch im Alltag das Allerwichtigste, so sehr, dass die ganze Schöpfung radikal relativiert wird. Alles,

---

[111] Mt 6,33

[112] Kapitel 5: Alles andere vergessen

was dieser Verbundenheit mit Gott im Wege steht, wird als Hindernis empfunden. Nicht nur alle Dinge, sondern auch der Mitmensch, sich selber einbezogen, wird radikal, also in der Wurzel, relativiert, weil nur einer absolut sein kann, der dreifaltige Gott.

Du bist, weil Gott dich will

Was so auf den ersten Anhieb als Geringschätzung alles Geschöpflichen aussehen mag, ist genauer betrachtet, die grösste Wohltat für die Geschöpfe, insbesondere für die Mitmenschen und sich selber. Es ist die grosse Freigabe, die sagt: Du musst mir nicht Gott sein. Du darfst sein, wie du bist. Du bist nicht um meinet- sondern um deinetwillen gut. Du bist wurzelhaft gut, denn du bist, weil Gott dich will. Entsprechendes darf ich dann auch von mir sagen: Ich muss nicht Gott sein, muss nicht perfekt sein, sondern darf ganz menschlich Mensch sein, hineingeboren in eine Kultur, die weder eine glorifiziert vergangene noch eine erträumt zukünftige ist, sondern eben die je heutige, mich in einer Situation befindend, wie sie eben geworden ist.

Das grosse Freisein in der Kontemplation

Das Freigeben von Gott, von den Mitmenschen, von mir selber und aller Geschöpfe ist die grosse, in der Kontemplation zu erwerbende Freiheit. Es ist das Freisein von allem, was die Beziehungen zum Schöpfer und seinem Geschöpf belastet, einengt und verschmutzt. Es ist ein Freiwerden durch Reinigung, darum wohltuend, und eine Reinigung durch Ausbrennen, darum schmerzhaft. „Der kontemplativ lebende Mensch“, schreibt der Verfasser der Wolke, „denkt während der Zeit der Versunkenheit mit keinem Gedanken an irgendeinen Menschen, mag er Freund oder Feind, Fremder oder Verwandter sein. Wer durch diese Übung vollkommen werden möchte, muss alles, ausser Gott, vergessen“.[113] Das entspricht dem Wort Jesu: „Wenn jemand zu mir kommt und nicht Vater und Mutter, Frau und Kinder, Brüder und Schwestern, ja

---

[113] Kap 70: Im Nichts Gott erkennen, Kap. 25: Der Kontemplative und seine Mitmenschen.

sogar sein Leben gering achtet, dann kann er nicht mein Jünger sein",[114] und zeigt insofern genau an, worum es in der kontemplativen Übung geht, nämlich um die Einübung in die Haltung, die den Worten Christi gemäss ist.

Aufbruch

Ist das Einströmen Gottes auch wesenhaft unfühlbar, so ist ein anderes sehr wohl zu fühlen, nämlich die dadurch provozierte Antwort in der Seele. Je tiefer man ins Schweigen kommt, umso reiner wird auch die Antwort sein, das heisst, dass die ureigene Antwort des menschlichen Herzens nicht mehr so sehr auf irgendwelche von aussen kommenden und im Gedächtnis gespeicherten Impulsen sein wird, sondern die gereinigte, innerste Reaktion auf das Einströmen der Liebe Gottes. Und in eben dieser Antwort liegen Freude und Schmerz, Verzagen und Zuversicht, Zweifel und Glaube.

Wenn das Herz in die Leere hinein liebt

Das menschliche Herz will lieben, will sich hingeben, will verschwenderische Freude und ewige Seligkeit. Wie aber, wenn im tiefsten Schweigen alles Wissen ausgeschaltet ist, der Verstand ins Leere läuft, das Gedächtnis ausgeräumt und der Wille still gelegt ist? Dann beginnt das Herz allmählich ins Leere hinein zu lieben. Dann steigt, zart zunächst, kaum fühlbar, schüchtern und zaghaft, das Empfinden von Liebe auf und man weiss nicht wie und man weiss nicht was man liebt; einfach nur Liebe, unmotiviert, wie geschaffen aus nichts. Ein Schöpfungsakt? Ja. Etwas steigt im Herzen auf, das nicht von dieser Welt ist, eine Kraft, die, wie Edith Stein schrieb „nicht die meine ist", ein „Ich weiss nicht was" wie Johannes vom Kreuz sagte. Er nannte es auch in

---

[114] Lk 14,26

Anlehnung an Dionysius Areopagita einen „Strahl der Finsternis“,[115] entspringend aus dem Dunkel des Glaubens, das überhelle „flutende Licht der Gottheit“,[116] das zunächst blind macht, liebesblind.

Spürt man so etwas, dann soll man dran bleiben ohne gierig danach zu haschen. Teresa von Avila berichtet, dass sie nicht wagte, sich zu bewegen aus Angst, sie könnte es vertreiben; und der heilige Bernhard schreibt: „Das ‚Wort‘ war da, in meiner Seele. Ich weiss nicht, wie es gekommen ist und wieder ging. Ich weiss nur: es war da“.

Geheimnisvolle Quelle. Zurück zur Spur!

Sehnsucht

Wenn die „Liebe ins Leere hinein“ und damit ins Unendliche im Herzen aufsteigt als das leise Echo auf die unendliche Liebe, die den Menschen im Innersten trifft, dann gebiert sie zugleich die Sehnsucht danach, mehr lieben zu können und mit dieser Sehnsucht gepaart den Schmerz über die vertanen Gelegenheiten zum Lieben. Beides, Sehnsuchts- und Sündenschmerz wachsen im Masse wie das Echo im Herzen auf die Liebe Gottes und der Wunsch zur Hingabe an ihn in der Seele wachsen. Es ist im Grunde genommen jene Sehnsucht, die in jeder Menschenseele schlummert und jene Sündenlast, die jeder mit sich trägt, jetzt aber mit grösserem Realismus wahrgenommen wird.

Daraus ergibt sich, dass man die Sehnsucht nicht mehr mit rein irdischen Dingen stillen will, letztlich nicht mehr stillen kann und dass man der Sündenlast nicht mehr davonlaufen will, letztlich nicht mehr davonlaufen kann. Fühlt man etwas von dieser Sehnsucht, so soll man sie wachsen lassen, ohne sie freilich selbst fabrizieren zu wollen. „Durchstosse die dichte Wolke des Nichtwissens mit dem Speer deiner liebenden Sehnsucht. Lass nicht nach, mag kommen, was will,“[117] mahnt der Verfasser der Wolke. Denn, so schreibt er weiter: „Der

---

[115] Lebendige Liebesflamme 3,49

[116] Mechthild von Magdeburg

[117] Kapitel 6

Zugang zum Himmel ist die Sehnsucht Wer sich sehnt, im Himmel zu sein, ist geistigerweise bereits dort. Darum schreibt Paulus: Obwohl unsere Leiber noch auf Erden sind, leben wir bereits im Himmel (Phil 3,20). Die Seele lebt dort, wo ihre Liebe ist."[118] Es mag sein, dass einem vorübergehend der Geschmack an der Welt überhaupt erlischt. Das findet seinen Sinn darin, dass man später die Welt als Schöpfung aus den Händen Gottes neu empfängt und sie mit gewandeltem Bewusstsein wahrnehmen wird.

Das Leiden

Im Masse die antwortende Liebe in der Seele vom Innersten heraus wächst, breitet sie sich auf schlichtweg alles aus, was geschaffen ist, nimmt das eben noch Verlassene neu und uneigennützig in die Liebe zu Gott hinein, wünschte, ohne gleich in einen missionarischen Übereifer zu geraten, dass die Mitmenschen bewusst in diese Welt Gottes hineinkommen.

Leiden aus Liebe

Es wird zunehmend unmöglich, von anderen schlecht zu denken oder zu reden Es ist, als würde in einem die Liebe geboren, und man versteht auf einmal die Rede von der Geburt Gottes im Menschen. Damit beginnt nun aber auch eine seltsame und andere Art von Leiden, ein Leiden aus Liebe. Es ist ein Gefühl, als hätte man einen Grossteil des Lebens vertan und begänne gerade erst zu leben. Das geschieht im Regelfall nicht plötzlich und ist nicht das Resultat einer grossen Erschütterung, sondern ein stetes Wachstum. „... Öffnen wir uns ihr [der liebenden Antwort] in Willigkeit", schreibt die junge Philosophin und Mystikerin Simone Weil, „dann legt Gott ein kleines Samenkorn in uns nieder

[118] Kapitel 60

und geht davon. ... Das Wachstum des Samens in uns ist schmerzhaft. ... [daraus erwächst ein Baum]... Wir wissen wohl, wem dieser Baum gleicht, der in uns aufgewachsen ist... Wir wissen, welches der schönste von allen Bäumen ist. Kein Wald bringt seinesgleichen hervor. Etwas, das noch grauenerregender ist als ein Galgen – siehe, das ist der schönste aller Bäume." [119] Das ist eine treffende Antwort auf den göttlichen Impuls im Herzen. Sie besagt, ausgedrückt

in Weils präzis-radikalen Sprache, das, was Christus so lehrte: „Ein Jünger steht nicht über seinem Meister und ein Sklave nicht über seinem Herrn. Der Jünger muss sich damit begnügen, dass es ihm geht wie seinem Meister, und der Sklave, dass es ihm geht wie seinem Herrn". [120]

Wer sich dessen bewusst ist, der wird in der kontemplativen Übung und Haltung nicht auf der Jagd nach geistlichen Genüssen sein, wird sich nicht ungeduldig über seine mangelnden Fortschritte erzürnen, wird in der Übung weder übereifrig noch geistig träge sein, wird geistliche Habgier ebenso vermeiden wie Überheblichkeit, wird der Versuchung widerstehen, sich mit anderen zu vergleichen und sich innerlich mit ihnen zu messen. Er wird in Gelassenheit, Geduld und der Bereitschaft, unvermeidbare Leiden, die ungesucht aber sicher kommen werden, als innere Reinigung annehmen. „Der spirituelle Weg gleiche einer Entziehungskur", meinte sehr realistisch zum Beispiel Johannes vom Kreuz. Es geschieht eine „Wandlung durch fortschreitende Verabschiedung vom suchtförmigen Ego. Einverwandlung in das Geheimnis Christi. Erleuchtung und Einigung geschehen faktisch immer im Zeichen des Kreuzes. ... Das ist die Kreuzigung. Billiger kann man nicht dorthin gelangen". So sagt es die Mystikerin Simone Weil."[121]

---

[119] Simone Weil, Zeugnis für das Gute, Zürich und Düsseldorf 1998, ‚Die Gottesliebe und das Unglück', S. 13-52

[120] Mt 10,24f

[121] Gefunden in: „Mystik – der wahre Weg zu Gott?" – Die Kontroverse um den Benediktinerpater und Zen-Lehrer Willigis Jäger: Gotthard Fuchs, „Innigste Einheit in bleibender Unterschiedenheit", S. 113

Die Nacht des Geistes

Sicher ist die Welt schrecklich und hässlich und ohne jeglichen Geschmack, wenn ihr der Glanz Gottes fehlt, wenn jede Hoffnung schwindet, sich eine Trauer als schwerer Schatten auf das Gemüt legt, wenn das gerade Nächste immer auch als das gerade schwerste erscheint, wenn es schwer und dunkel wird und einem jede Kraft abhanden gekommen ist, dann, in diesem Zustand der Abwesenheit Gottes, ist tiefste und dunkelste Nacht, ist die Mitte eines schwarzen Tunnels, wo das Licht des Eingangs verschwunden und jenes des Ausgangs noch nicht sichtbar ist und man die Empfindung hat, dass dieser Zustand nicht enden werde. Es ist die Nacht des Geistes. Durch diese Nacht, sagt Johannes vom Kreuz, müsse man hindurch, soll es zu einer echten und tiefen Begegnung mit Gott kommen. Aber nicht nur müsse man hindurch, sagt er, sondern dass einen regelrecht Gott selber hindurchführe.

Wenn Gott dem Menschen alles nimmt, was nicht er, Gott selber, ist, wenn der Mensch innerlich stark genug ist, sein Leben auch ohne jeden Geschmack durchzustehen, dann kann ihm Gott alles entreissen um ihm sich, Gott, selber zu schenken.

Die innere Verwandlung

Was sich so an Schwerem und Dunklem auf das Gemüt des Menschen legt, hat den Sinn, ihn auf diese Begegnung mit Gott vorzubereiten. Es ist das Durchleiden und Ausbrennen der Sünde. Es ist die innere Verwandlung. Darum kann der Verfasser der Wolke schreiben: „Dieses Leid ist nötig und gut. Wer es durchstehen muss, darf sich glücklich nennen. Wer nicht nur erkennt, was er ist, sondern wer darüber hinaus seines tiefsten Seins gewahr wurde, der allein weiss, was wirkliches Leid ist. Ist dieses Leid erfüllt von heiligem Verlangen nach Gottes Heil, dann ist es richtig. Ohne dieses Verlangen könnte kein Mensch diese Qual durchhalten. Früher oder später muss jeder in irgendeiner Weise beides, das Leiden und das Verlangen nach Befreiung erfahren. Dabei wird Gott den Fortschritt und die Offenheit des einzelnen für seine Gnade berücksichtigen. Schritt für Schritt wird er sie weiterführen."[122] Denn, was geschieht eigentlich im Leiden, woher immer es kommen mag? Die heilige Edith Stein schreibt dazu: „Der Feuerbrand der Liebe verletzt die Wunden des Elendes und der Sünde, heilt sie dann und wandelt sie in Wunden der Liebe".[123]

Radikale Entmachtung

Jede Macht hat Einfluss auf einen: Angst machend, Respekt einflössend, Verachtung, Sympathie, Neid, Hass, kurz, die ganze Palette unkontrollierter Gefühle kann sich an der Macht eines anderen Menschen entzünden und als entzündeter Herd im Halb- oder Unbewussten schwelen.

Gott allein gehört die Macht

Entsprechend gilt es in der kontemplativen Übung und in der Folge davon in der menschlichen Haltung überhaupt, alle und alles radikal zu entmachten. Jede Gewohnheit, alles irgendwie lieb Gewordene, ausnahmslos alle Geschöpfe, insbesondere der Mitmensch, alles und jedes, was nicht Gott ist, muss von der Wurzel her entmachtet werden. Nichts und niemandem darf man Macht über sich geben, seien es Herrscher von Staaten oder Wirtschaftsimperien, Wissenschaftler oder Unterhaltungsidole, Sportgrössen, Direktorinnen und Direktoren oder was immer. Gott allein gehört die Macht. Eben darum bedeutet dies insofern keine Hinwendung zum Anarchismus, als alles und jedes seinen je eigenen Platz und Auftrag im Dienst Gottes und seiner Schöpfung haben soll. Alles andere wäre anarchistisch.

---

[122] aaO. Kapitel 44
[123] aaO. 164

Das Eingreifen Gottes in der passiven Nacht

„Weißt du nicht, dass ich Macht habe, dich freizulassen, und Macht, dich zu kreuzigen?“ fragte Pilatus Jesus beim Verhör. „Jesus antwortete: Du hättest keine Macht über mich, wenn es dir nicht von oben gegeben wäre“.[124] „Die mächtige Wirklichkeit der natürlichen Welt und der übernatürlichen Gnadengeschenke muss durch eine noch mächtigere Wirklichkeit aus den Angeln gehoben werden,“ schreibt Edith Stein. „Das geschieht in der passiven Nacht. Die starke Hand des lebendigen Gottes muss selbst eingreifen, um die Seele aus den Schlingen alles Geschaffenen zu befreien und an sich zu ziehen. Dieses Eingreifen ist die dunkle, mystische Beschauung, verbunden mit der Entziehung alles dessen, was bisher Licht, Halt und Trost gegeben hat.“[125] Jene Macht, die aber insbesondere gebrochen werden muss, ist die Macht des eigenen, von Angst und Egoismus und Unvernunft geleiteten Willens. Man darf erfahren und erkennen, dass die eigene Seligkeit darin besteht, sich in die Liebe zu Gott hinein zu verlieren.

Im Meer der Liebe

Sünde ist Abkehr von Gott, Atheismus Verleugnung des Schöpfers, Agnostizismus die Verachtung jeglicher den Menschen übersteigende Macht, die perfide, höflich grinsende, lauwarme und teuflische Fratze gespielter Gleichgültigkeit. Ablehnung, Verleugnung und Verachtung Gottes ist zugleich Abstossung, Verleugnung und Verachtung des Geschöpfs, das man nota bene selber auch ist. Der Atheismus ist abstossend, der Agnostizismus gelebter und praktizierter Atheismus im Kleide süffisanter Toleranz.

Was uns Jesus Christus gibt

Das Verhältnis zu Gott spiegelt sich unweigerlich im Verhältnis zum Mitmenschen. Angst, Verachtung, Besitzergreifung, Abstossung bis zum Hass,

---

[124] Joh 19,10f
[125] aaO. S. 99

das alles betrifft im gleichen Atemzug sowohl das Geschöpf wie seinen Schöpfer. Hass, Verachtung und Abstossung ist immer auch Selbsthass, Selbstverachtung und Selbstablehnung. Die Wurzel alles dessen liegt im verkehrten und verzerrten Gottesbild. Dagegen gibt uns Gott in Jesus Christus ein zumindest Fünffaches: Jesus Christus begegnet uns erstens in seiner Kirche, in den Dogmen, in den Lehren des Lehramtes. Glauben kommt vom Hören, vom Hinhorchen in die Verkündigung der Kirche und im demütigen Annehmen dessen, was sie uns sagt. Jesus Christus begegnet uns in der Tradition der Kirche und im Glanz und Elend ihrer Geschichte. ER begegnet uns in den Sakramenten, in den Feiern der Liturgie, in den Ereignissen des Kirchenjahres, im gemeinsamen Beten. Er begegnet uns im Benachteiligten, im Kranken, Schwachen, Sterbenden, im von Sünde und Sucht gezeichneten Mitmenschen. Und er begegnet uns im Heiligen Geist von innen, aus der Tiefe unserer Seele heraus, dann und dort, wo wir unsere Seele still machen, sie von allem und jedem lösen und sie ins Leere hinein halten. Das Wesentliche tut Gott. Er wandelt uns in sein göttliches Leben hinein und führt uns gerade so in unsere Eigenständigkeit und Freiheit.

Gottes Liebe ist stets präsent

Das Wichtigste, unabhängig von jeder Einteilung und Methode, ist, die Gegenwart Gottes bewusst zu halten und sich immer in seinem Dasein zu wissen. Das geht aber nur, wenn man sich vergewissert und sich dessen sicher ist, dass das bedeutet, immer und überall von der unendlichen Liebe begleitet zu sein, sich im liebenden Blick Gottes zu wissen, komme, was da kommen mag. Hat man das erreicht und hält man das in allen Freuden und Widerwärtigkeiten durch, so hat man ein wesentliches Ziel erreicht. Alles andere tut Gott.

Das Weltall als ein Meer der Liebe

Ich schliesse mit einem Wort der heiligen Teresia Benedicta a Cruce, Edith Stein, aus der „Kreuzeswissenschaft“, dieser kraftvollen Orientierung für jede und jeden, die oder der den Weg der Kontemplation gehen will: „Der

Feuerbrand der Liebe verletzt die Wunden des Elendes und der Sünde, heilt sie dann und wandelt sie in Wunden der Liebe. An diesem innersten Punkt der Verwundung fühlt die Seele ein ganz kleines Senfkörnlein voll Leben und Feuer, das in seinem Umkreis ein lebendiges und glühendes Feuer ausstrahlen lässt. In diesem Feuer erscheint das ganze Weltall als ein Meer der Liebe, während sie in sich den lebendigen Mittelpunkt der Liebe wahrnimmt. Nichts reicht an das rein geistige Wesen der Seele heran. Die Hand, welche die Wunde schlägt, ist der liebevolle und allmächtige Vater. ... Verkünde es der Welt – doch nein, sage es nicht, denn sie hat kein Verständnis – o, mein Gott und Leben! Nur die werden dich in deiner sanften Berührung erkennen und wahrnehmen, die selber durch Losschälung von der Welt zart geworden sind, da das Zarte nur dem Zarten begegnet, und so können sie es empfinden und geniessen."[126]

[126] aaO. S. 166/167

Printed by Books on Demand GmbH, Norderstedt / Germany